Berner Landfrauenküche

238 köstliche Rezepte aus dem Bernbiet

Herausgegeben von der Redaktion Landfrauen kochen
in Zusammenarbeit mit dem
Verband bernischer Landfrauenvereine

Die Rezepte stammen von
Heidi Aebi, Margret Aebi-Steiner, Silvia Bachmann, Rosmarie Bärtschi, Kathrin Bertschi, Marie Blatter-Lauber, Käthi Bösiger,
Elsbeth Brand, Elisabeth Brönnimann-Berger, Martin Beyeler, Margreth Brügger-Otth, Christine Bühler, Anni Bürgi,
Hanna Bürki, Esther Dietrich, Heinz Eggimann, Peter Engeloch, Yvonne Eugster, Annemarie Fählimann, Anna Fankhauser,
Isabel Fankhauser-Schindler, Therese Friedli, Elisabeth Frutig, Erika Furrer-Rickli, Christine Gerber, Martin Gerber,
Elisabeth Gfeller, Rita Gfeller, Rosemarie Gfeller-Oberli, Theres Gfeller-Käser, Katharina Graber-Vifian, Annelies Graf,
Romy Grossenbacher, Elsbeth Gyger, Barbara Heiniger, Dora Heiniger, Franziska Heiniger, Ruth Heiniger, Beatrice Hirsbrunner,
Ramona Hirschi, Annemarie Hofer, Barbara Hofer, Nelly Hurni, Christine Indermühle, Inforama Fachbereich Hauswirtschaft,
Alice Jordi, Elisabeth Käser-Egger, Annette Knipper, Elsbeth Kohler, Mädi Künzli, Landfrauen Kreis Helmstedt, Christine Lanz,
Carmelina Lehmann, Susanne Lehmann, Therese Lehmann, Hedy Lüscher, Annelies Lüthi, Barbara Lüthi-Kohler,
Veronika Matter, Ruth Meister, Marlise Meuter, Anni Morand, Fränzi Mosimann, Käthi Mühle, Rösli Neiger-Meier,
Heidi Neuenschwander, Hanni Niederhauser, Ruth Niklaus, Monika Nyffenegger, Elisabeth Reitnauer, Käthi Rolli,
Rosmarie Ruchti, Veronika Rupli, Jeannine Ryser, Katharina Schafroth, Christine Schärer, Margrit Scheidegger, Antonia Schrag,
Erika Schütz, Susanne Siegenthaler, Therese Siegenthaler, Heidi Stalder, Rosmarie Stauffer, Christine Steiner,
Marcel Steinmann, Margrit Stettler, Bertha Studer, Madeleine Visser-Wampfler, Magdalena von Weissenfluh, Edith Wampfler,
Margrit Wegmüller-Lüthi, Monika Wenger, Susanne Winterberger, Elsi Wyss, Helene Zaugg, Margrit Zaugg, Marie Zaugg-Bürgi,
Rosmarie Zehnder, Hanni Zenger, Hedy Zenger, Elsbeth Zobrist und einigen, die nicht genannt werden wollen.

Die Arbeitsgruppe Kochbuch
Christine Bühler, Anna Fankhauser, Rita Gfeller, Elsbeth Gyger und Barbara Heiniger

Fotos
Beatrice Hildbrand, Laupen

Verband bernischer Landfrauenvereine
Christine Gerber · Oberruntigen 173 · 3036 Detligen
www.landfrauen-be.ch

Herzlichen Dank allen Partnern und Gönnern dieses Buchprojektes
BEKB ¦ BCBE, www.bekb.ch; Burgergemeinde Bern, www.bgbern.ch;
Emmental Versicherung, www.emmentalversicherung.ch;
Emmentaler Schaukäserei AG, www.emmentaler-schaukaeserei.ch;
Engeloch-Reisen, Riggisberg, www.engeloch-reisen.ch;
Fenaco Landi Gruppe, www.fenaco.com; Geiser agro.com ag, www.geiser-agro.com;
IP-Suisse, Zollikofen, www.ipsuisse.ch; Loosli Küchen AG, Wyssachen, www.loosli-kuechen.ch;
Die Mobiliar, Bern, www.mobi.ch; Mühle Kleeb AG, Rüegsbach, www.muehle-kleeb.ch;
Ofenfabrik Schenk AG, Langnau, www.ofenschenk.ch
sowie Oekonomische und Gemeinnützige Gesellschaft des Kantons Bern OGG, www.ogg.ch

Bezugsquelle, Anregungen, Wünsche, Hinweise
Redaktion Landfrauen kochen · Staatsstrasse 159 · 3626 Hünibach
redaktion@landfrauenkochen.ch · www.landfrauenkochen.ch

ISBN 978-3-905694-34-5
Alle Rechte vorbehalten
Copyright © 2010 by editionVorsatz, Hünibach
Nachdruck von Text, Bild und Rezepten, auch auszugsweise nur mit ausdrücklicher Genehmigung der Redaktion.
Der Umwelt zuliebe haben wir chlorfrei gebleichtes Papier verwendet und auf Verpackungsfolie verzichtet.

Das Beste vom Besten

Nun ist es da, das zweite Kochbuch des Verbandes bernischer Landfrauenvereine VBL mit dem Titel «Berner Landfrauenküche». Es erscheint zum 80-jährigen Bestehen des Verbandes und gibt einen Einblick durch Türen und Fenster in die Vielfalt der ländlichen Küche des ganzen Kantons Bern. Alles begann 1996, als die Berner Landfrauen das erste Kochbuch einer mittlerweile ganzen Reihe in Zusammenarbeit mit der Redaktion Landfrauen kochen herausgaben. Seither sind vierzehn Jahre vergangen und immer noch gibt es eine grosse Anzahl von Rezepten, die in den Landfrauenküchen tagtäglich von 12'000 Berner Landfrauen gekocht werden. Damit dieser kostbare Schatz, die einfachen, speziellen, traditionellen und neuzeitlichen Rezepte erhalten bleibt, wurde dieses Kochbuch zusammengestellt. Überlieferte Familienrezepte und neue Eigenkreationen wurden optimiert und sollen nun das Beste vom Besten aus Landfrauenküchen präsentieren. Die Auswahl reicht von schlicht und preiswert bis zu raffiniert und exklusiv, für Alltag und Festtag. Grossen Wert wurde auf die natürliche, gesunde Ernährung gelegt, die von saisonalen Produkten aus heimischem Anbau begleitet wird. Einige Rezepte stammen von Landfrauen aus dem Kreis Helmstedt im deutschen Niedersachsen. Seit vielen Jahren pflegen der Verband der bernischen Landfrauenvereine und die dortigen Landfrauen regen Kontakt, woraus feste Bande der Freundschaft entstanden sind. Mit einem Blick durch Türen und Fenster soll auf die vielen verschiedenen Regionen des Kantons Bern aufmerksam gemacht werden. Vom Seeland bis ins Oberland, vom Emmental in den Oberaargau, vom Mittelland bis zum Jura. Das Thema wurde mit der bekannten Fotografin Beatrice Hildbrand aus Laupen erarbeitet. Sie lieferte die eindrücklichen Bilder vom Zwiebelzopf an der Holztüre zu den blumengeschmückten Fenstern bis hin zur modernen Küche.

Ein grosser Dank gilt all jenen, die zum Gelingen des Kochbuches beigetragen haben. Den Landfrauen und den -männern, die ihre gut gehüteten Rezepte zur Verfügung gestellt haben. Dem Redaktionsteam, welches sich mit viel Engagement der Realisation

des Kochbuches gewidmet hat. Beatrice Hildbrand, die mit Ausdauer die richtigen Türen und Fenster im Kanton Bern fand und diese im besten Licht fotografierte. Dem Vorstand des Verbandes bernischer Landfrauenvereine, der die Schaffung des Kochbuches «Berner Landfrauenküche» ermöglichte. Den Sponsoren, die wohlwollend die Landfrauen unterstützten.

Die Arbeitsgruppe Kochbuch
Elsbeth Gyger
Christine Bühler
Barbara Heiniger
Anna Fankhauser
Rita Gfeller

Das gemeinsame Projekt hat unter den Beteiligten für viel Gesprächsstoff und Berührungspunkte gesorgt. Allen wurde die Vielfalt in der Berner Küche mit ihren zahlreichen Produkten und Erzeugnissen bewusst. Sie zu probieren soll mit dieser Rezeptsammlung zu einem angenehmen Spaziergang durch die Landfrauenküchen werden.
Wir wünschen Ihnen viel Erfolg beim Kochen mit der «Berner Landfrauenküche» und einen frohen Blick durch Fenster und Türen des Kantons Bern. Gutes Gelingen der Gerichte und natürlich «e Guete».

Christine Gerber
Präsidentin des Verbandes bernischer Landfrauenvereine
und die *Arbeitsgruppe Kochbuch*

Die Rezepte

Apéro
- 10 Gefülltes Parisette
- 10 Partybrot
- 11 Blätterteigschnecken mit Pesto
- 11 Schnelles Apérogebäck
- 12 Nidlepizza
- 13 Olivencake
- 14 Hotdogcake

Salate und Saucen
- 15 Fenchelsalat
- 15 Zucchettisalat
- 16 Power-Kraut-Rüeblisalat
- 16 Surchabissalat
- 17 Eiersalat mit Speck
- 17 Margrets Salatsauce
- 18 Salatsauce auf Vorrat
- 18 Rassige Salatsauce auf Vorrat
- 19 Senfsauce
- 19 Teufelssauce

Suppen
- 20 Rüebli-Currysuppe
- 20 Rüeblisuppe mit Ingwer
- 22 Spinatsuppe
- 22 Krautstielsuppe mit Randen
- 23 Erbsencrèmesuppe
- 24 Apfel-Specksuppe
- 25 Apfel-Ingwersuppe
- 25 Kartoffelsuppe
- 26 Bärgweidli-Wintersuppe
- 26 Haslitaler Schwingersuppe
- 27 Madiswiler Weinsuppe
- 27 Brot-Käsesuppe

Käse
- 28 Verpackter Käse
- 28 Grosis Käseschnitten
- 29 Emmetaler Landfroue-Chässchnitte
- 30 Racletteramequin
- 30 Chäschüechli

Gemüse
- 32 Gemüesspiessli
- 32 Süss-saures Sommergemüse
- 33 Gemüseknusperli
- 33 Zucchettichüechli
- 34 Zucchettiräder
- 34 Zucchetti-Käseauflauf
- 35 Tomatentraum
- 36 Fenchelgratin
- 37 Spinatquiche
- 38 Krautstielgratin
- 39 Blumenkohl-Kartoffelauflauf
- 40 Chicorée in Rosa
- 40 Schwarzwurzelgratin
- 41 Lauchstrudel Seeländerart
- 42 Henäs Landjäger-Lauchgemüse
- 42 Lauchrollen
- 44 Überbackene Randen
- 44 Wirsing mit Hackfleischkugeln
- 45 Rotkabis mit pikant gefüllten Äpfeln
- 46 Kürbisgratin mit Knöpfli
- 46 Gefüllter Kürbis «Delicata»
- 47 Rosenkohl Annabelle
- 47 Rosenkohl mit glasierten Kastanien
- 48 Rosenkohlgratin
- 49 Pastinaken
- 49 Pikant gefüllte Äpfel

Kartoffeln, Teigwaren und Getreide

50 Gschwellti mit Sossa
50 Rahm-Chrüterhärdöpfu
51 Seeländer Kartoffel-Spargelpfanne
51 Kartoffeln mit Schwarzwurzeln
52 Christines Härdöpfuchüechli
52 Möslirösti
54 Ofenkartoffeln mit Käse
54 Blitzkartoffelgratin
55 Ruths Kartoffelgratin
55 Brokkoli-Kartoffelgratin
56 Lauch-Kartoffelgratin
57 Marcels Kartoffel-Lauchmues
57 Kartoffelomeletten mit Pilzfüllung
58 Kartoffelmuffins
59 Gnocchi mit Nusspanade
60 Nudeln mit Gorgonzola und Gemüse
61 Penne Roberto
62 Spargelrisotto
62 Lauchrisotto
63 Palänte vom Hasli
64 Semolino
64 Maispizza

Fleisch

66 Annas Toufi-Braten
67 Dernäbe-Brate
68 Glasiertes Festtagsschinkli
68 Schweinefilet an Apfelsauce
69 Medaillons an Bärlauchsauce
69 Koteletts im Stil des alten Hauses
70 Koteletts Gourmet
71 Schweinesteaks im Teig
72 Schweineragout mit Speck
72 Gadmer Chorianderfläisch
73 Gschnätzlets uf Toast

74 Wiehnachtsmocke us em Römertopf
76 Sure Mocke us em Römertopf
77 Rindsfiletstreifen unter der Haube
78 Rindsplätzli Spezzatini
78 Rindsragout à la Moutarde
79 Daube bourginonne
79 Siedfleischgratin
80 Kalbfleischvögel mit Aprikosen
81 Gefüllte Kalbssteaks
81 Pikantes Kalbfleisch im Römertopf
82 Geschnetzeltes mit Sojasprossen
82 Geschnetzeltes Kalbfleisch
83 Schwedenbraten
84 Hackfleischgratin mit Krautstielen
85 Fleisch-Gemüsestrudel
86 Einfache Berner Platte
88 Wurstspiessli
88 Heidis Cervelatragout
89 Exotisches Cervelatragout
90 Gratiniertes Cervelatragout
91 Schinken in Rotwein und Cognac
92 Poulet im Ofen
92 Gefüllte Pouletoberschenkel
93 Pouletbrüstli an Zitronenrahmsauce
93 Pouletbrüstli an Estragonsauce
94 Pouletbrüstli auf Gemüsebett
95 Poulet-Kartoffelpfanne
96 Süss-saures Pouletfleisch
98 Pouletkuchen
99 Trutenvoressen
99 Trutenragout an Sauerrahm
100 Lamm auf Gemüsebett
101 Kaninchen nach Feinschmeckerart
102 Kaninchenvoressen an Safransauce
103 Hirschbraten
103 Hirschsteaks an Bierzabaione

6   *Die Rezepte*

104 Rehrücken an Wildrahmsauce
105 Rehschnitzel mit Zwetschgen
105 Geschnetzeltes an Tee-Fruchtsauce
106 Hasenspiessli
108 Hasenpfeffer à ma façon

Fisch
109 Zitronenlachs im Blätterteig
110 Lachs mit Sauerkraut
111 Lachsstroganoff
111 Kabeljau an Senfsauce
112 Fischgratin mit Spinat
113 Gewickelte Felchenfilets
113 Thonküchlein
114 Thonmousse à la Ruth

Züpfe und Brot
115 Bärner Züpfe
115 Züpfe nach em Arnirezäpt
116 Vollkornbrot
116 Kürbiskernbrot
118 Leinsamenbrot
118 Dinkel-Nussbrot
119 Brennnesselbrot
120 Tomaten-Olivenbrot
121 Gemüsebrot
122 Fitbrötchen in Gelb
123 Früchtebrot
124 Rosinenbrötli

Kleingebäck
125 Habkerli
125 Lysserli
126 Zimtringli
126 Butterfly
127 Nussstangen

127 Änisbrötchen
128 Schoggibögli
128 Schokorhomben
130 Elsbeths Vorstandsmuffins
131 Kokosschnitten
132 Rosechüechli
132 Waffeln
133 Nidlebrätzeli
133 Brätzeli
134 Schenkeli
134 Schlüferli
135 Dampfnudeln

Kuchen und Torten
136 Baiser-Rhabarberkuchen
136 Rhabarberkuchen
137 Hedys Erdbeer-Jogurttorte
138 Aprikosentorte
140 Birnencake
141 Apfeltorte Eva
142 Apfel-Weintorte
143 Apfeltorte mit Eiercognac
144 Gestürzte Apfeltorte
145 Vier Jahreszeitencake
146 Trümmertorte
147 Rysers Zvieri-Schoggichueche
148 Heidelbeer-Schokoladenkuchen
149 Waldbodentorte
150 Der perfekte Schoggichueche
150 Kakaokuchen
152 Schokocrossie-Torte
153 Knusperhexe
153 Baumnusscake
154 Lisis Baumnusstorte
155 Chilbilebkuchen
155 Quarkkrümelkuchen

156 Gebackene Quarktorte
157 Cognactorte
157 Schnelle Buttercrèmetorte
158 Parisertorte
159 Kartoffeltorte

Desserts
160 Rhabarbercrème
160 Swiss Coupe
162 Erdbeer-Tiramisu
163 Himbeertraum
163 Johannisbeerschäumchen
164 Beerencrème
164 Kalte Flockentorte
165 Kirschenauflauf
165 Zwetschgenberg
166 Zwetschgenauflauf
166 Nidlebirnen
167 Burgunderbirnen
167 Heidis Hoschtet Sturm
168 Apfelschaum mit Holundersauce
169 Zitronen-Jogurtcrème
169 Früchtegratin
170 Dörrzwetschgen mit Zimtrahm
170 Gschnätz und Nidle
171 Brombeerparfait
171 Grand Marnier-Parfait
172 Kirsch-Rahmglace
174 Edas Meringuedessert
174 Blitzcoupe

Eingemachtes und Flüssiges
175 Siwstidelergonfitüüre
175 Tannenschösslinggelee
176 Kürbis-Apfelkonfitüre
176 Zwetschgendessert auf Vorrat

177 Süss-saure Birnen
177 Rhabarberchutney
178 Kräuterbutter
178 Essiggemüse
179 Mokkashake wie richtig
179 Durstlöscher
180 Sommereistee
180 Jubiläumsbowle
181 Heisse Chlousemoscht
181 Magenwärmer
182 Winterpunsch
182 Himbeerlikör

183 Die Fotografin Beatrice Hildbrand
185 Rezeptregister

Abkürzungen
Kl   Kaffeelöffel
El   Esslöffel
g   Gramm
kg   Kilogramm
cl   Centiliter
dl   Deziliter
l   Liter
Pr   Prise
Msp Messerspitze
P   Päckchen
T   Tasse

Die Zutaten- und Mengenangaben sind, wenn nicht anders vermerkt, immer für vier Personen berechnet. Bei allen Gebäckrezepten kann zur Geschmacksabrundung und zur Aromaunterstützung eine Prise Salz beigegeben werden.

Die Rezepte

Gefülltes Parisette

Zutaten
1 Parisette
100 g Butter
100 g Quark
Salz
Pfeffer
Streuwürze
frische gehackte Kräuter
150 g Schinken
3–4 Essiggurken
1 rote Peperoni

- Brot in der Mitte halbieren und aushöhlen, Brotinneres in kleine Würfel schneiden
- Weiche Butter, Quark, Salz, Pfeffer, Streuwürze und gehackte Kräuter gut verrühren
- Schinken, Gurken und Peperoni in sehr kleine Würfel schneiden, mit den Brotwürfeln unter die Butter-Quarkmasse mischen
- Satt in die ausgehöhlten Brothälften füllen und in Klarsichtfolie gewickelt 3 bis 4 Stunden im Kühlschrank fest werden lassen
- Vor dem Servieren in 1 bis 1½ cm breite Tranchen schneiden und auf einer Platte anrichten
- Schmeckt zum Zvieri, Apéro oder mit Salat zum Znacht

Romy Grossenbacher, Affoltern im Emmental

Partybrot

Zutaten
1 rundes Modelbrot (etwa 600 g)
100 g Butter
125 g Magerquark
2 El Mayonnaise
200 g Schinken
2–3 Cornichons
2 hart gekochte Eier
2 Tomaten
Kräuter nach Belieben
Senf
Salz
Pfeffer

- Vom Brot einen Deckel wegschneiden und das Brot bis auf einen Rand von etwa 1 cm aushöhlen, Brotinneres fein hacken
- Weiche Butter, Quark und Mayonnaise gut verrühren
- Schinken, Cornichons, Eier und Tomaten in kleine Würfel schneiden, Kräuter fein hacken und mit dem Brotinneren zur Quarkmasse mischen, mit Senf, Salz und Pfeffer würzen
- Masse in das ausgehöhlte Brot füllen, Deckel obenauf setzen und kühlstellen
- Vor dem Servieren in Scheiben schneiden und auf einer Platte anrichten

Franziska Heiniger, Rubigen

Blätterteigschnecken mit Pesto

- Kräuter, Knoblauch und Pinienkerne fein hacken und mit dem Käse vermischen, Öl dazurühren und mit Salz, Pfeffer und Cayennepfeffer würzen
- Blätterteig gleichmässig mit der Kräuterpanade bestreichen, von der Längsseite her aufrollen und kurz im Tiefkühler anfrieren lassen
- Teigrolle in etwa 1 cm breite Scheiben schneiden und auf ein mit Backtrennpapier belegtes Blech geben
- Im vorgeheizten Ofen bei 180 bis 200 Grad 12 bis 15 Minuten backen
- Dekorativ anrichten, nach Belieben mit einigen Kräuterzweigen garnieren und warm oder auch kalt servieren

Anna Fankhauser, Utzigen

Zutaten
50 g gemischte Kräuter
(z.B. Schnittlauch, Petersilie, Basilikum, Estragon, Thymian)
2 Knoblauchzehen
100 g Pinienkerne
100 g geriebener Sbrinz
oder Parmesan
1 dl Olivenöl
Salz
Pfeffer
Cayennepfeffer
1 P rechteckig ausgewallter Blätterteig
einige Kräuterzweige

Schnelles Apérogebäck

- Brät, Schinkenwürfel, Crème fraîche und gehackte Kräuter gut vermengen, kräftig mit Salz und Pfeffer würzen
- Masse auf den beiden Teigplatten verteilen und von den Längsseiten her aufrollen, kurz im Tiefkühler anfrieren lassen
- Teigrollen in 1 bis 2 cm dicke Scheiben schneiden und auf ein mit Backtrennpapier belegtes Blech geben
- Im vorgeheizten Ofen bei 200 Grad 20 bis 30 Minuten backen
- Warm servieren

Tipp
Die Teigrollen können gut eingefroren werden. Leicht angetaut lassen sie sich gut in Scheiben schneiden.

Erika Furrer-Rickli, Leuzigen

Zutaten
300 g Kalbsbrät
200 g Schinkenwürfel
180 g Crème fraîche
frische, gehackte Gartenkräuter nach Belieben
Salz
Pfeffer
2 P rechteckig ausgewallter Blätterteig

Nidlepizza

Zutaten für 10 Stück

1 kg Brot- oder Pizzateig

70 g Mehl
4 dl Milch
250 g Mascarpone
50 g geriebener Käse
Salz
Pfeffer
Kräuter
Bouillonpulver
400 g Speck in Tranchen
200 g Zwiebeln

- Brotteig in dünne Fladen von etwa 20 cm Durchmesser auswallen, auf mit Backtrennpapier belegte Bleche geben
- Mehl mit etwas Milch glattrühren, restliche Milch dazugiessen und unter ständigem Rühren aufkochen, Mascarpone und Käse vermengen und ebenfalls dazugeben, mit Salz, Pfeffer, Kräutern und Bouillonpulver abschmecken
- Speck anbraten, herausnehmen und beiseite stellen
- Zwiebeln fein hacken und im Bratfett andünsten
- Mascarponemasse auf die Teigfladen verteilen, dabei einen Rand von etwa 1 cm belassen, mit den Specktranchen und Zwiebeln belegen
- Im vorgeheizten Ofen bei 200 Grad 20 bis 25 Minuten backen

Variante
Der Belag kann mit in Scheiben geschnittenen Pilzen oder anderem Gemüse ergänzt werden.

Fränzi Mosimann, Signau

Olivencake

- Speckwürfel ohne Fett knusprig braten, erkalten lassen
- Käse in 5 mm grosse Würfel und Oliven in Ringe schneiden
- Oliven, Käse- und Speckwürfel mit dem Mehl und Pfeffer vermischen
- Eier schaumig rühren, Öl, Wein und geriebenen Käse beifügen und mit der Hälfte des Mehls vermengen
- Restliches Mehl mit dem Backpulver dazusieben, die übrigen Zutaten beifügen und alles gut vermischen, in eine gefettete Cakeform (25 cm Länge) füllen
- Im vorgeheizten Ofen bei 180 Grad 40 bis 50 Minuten backen
- Auskühlen lassen und in 5 mm dicke Scheiben geschnitten servieren

Der Olivencake lässt sich problemlos tiefkühlen

Rosmarie Stauffer, Gampelen

Zutaten

150 g Speckwürfel
150 g Greyerzerkäse
150 g entsteinte schwarze Oliven
2 El Weissmehl
¼ Kl grobkörniger Pfeffer

4 Eier
1½ dl Olivenöl
1 dl Weisswein
100 g geriebener Greyerzerkäse
250 g Weissmehl
1 P Backpulver

Hotdogcake

Zutaten
500 g Weissmehl
½ El Salz
1 Kl Zucker
40 g Hefe
Pfeffer nach Belieben
3 Frühlingszwiebeln
75 g Butter
2 Eier
1½ dl Milch-Wasser

1 El Senf
½ rote Peperoni
6 Wienerli

- Mehl, Salz, Zucker, Hefe und Pfeffer vermischen, Zwiebeln fein hacken und beifügen, weiche Butter, verklopfte Eier (2 Esslöffel zum Bestreichen beiseite stellen) und Milch-Wasser beifügen und alles zu einem glatten Teig kneten, etwa 1½ Stunden zugedeckt um das Doppelte aufgehen lassen
- Teig dritteln, zu Strängen von etwa 30 cm Länge formen und leicht flachdrücken
- Einen Strang in eine mit Backtrennpapier ausgelegte Cakeform füllen und mit der Hälfte des Senfs bestreichen
- Peperoni in kleine Würfel schneiden und die Hälfte davon auf den Teigstrang streuen
- Würste halbieren und 9 Wursthälften auf dem Teigstrang verteilen
- Zweiten Strang darauflegen, mit dem restlichen Senf bestreichen, übrige Peperoniwürfel und Wursthälften darauf verteilen
- Mit dem dritten Teigstrang bedecken, leicht andrücken und nochmals 30 Minuten zugedeckt aufgehen lassen, mit dem beiseite gestellten Ei bestreichen
- Im vorgeheizten Ofen bei 200 Grad etwa 40 Minuten backen
- Lauwarm oder kalt servieren, ergibt mit einem Salat zusammen auch ein vollständiges Mittag- oder Abendessen

Franziska Heiniger, Rubigen

Fenchelsalat

- Fenchel der Länge nach halbieren, Strunk entfernen und in möglichst feine Scheiben schneiden, etwas Fenchelgrün beiseite legen
- Baumnüsse rösten, erkalten lassen
- Für die Sauce Jogurt, Rahm, Mayonnaise und Senf verrühren, mit Salz, Pfeffer und Paprika würzen, Petersilie und Fenchelgrün fein hacken und beifügen
- Sauce unter den Fenchel mischen und gegebenenfalls nachwürzen
- Den Salat auf Tellern anrichten und mit den gehackten Baumnüssen bestreuen

Martin Gerber, Riggisberg

Zutaten
4 Fenchelknollen
50 g grob gehackte Baumnüsse

Sauce
300 g Jogurt nature
1 dl Rahm
2 El Mayonnaise
1 El scharfer Senf
Salz
Pfeffer
1 Pr Paprika
½ Büschel Petersilie

Zucchettisalat

- Zucchetti in hauchdünne Scheiben schneiden, portionsweise im heissen Öl anbraten, bis sie leicht bräunlich sind, mit Salz würzen
- Knoblauch ebenfalls in dünne Scheiben schneiden und in wenig heissem Öl andünsten, Chilischote fein hacken und mitdünsten
- Lauwarme Zucchetti in einer Schüssel anrichten, Knoblauch dazugeben, mit Essig übergiessen, gut vermengen und abschmecken
- Warm oder kalt mit einer Focaccia zur Vorspeise oder als Beilage servieren

Bei der Verarbeitung der alljährlichen Zucchettischwemme ist Abwechslung gefragt. Das Rezept für diesen wunderbar erfrischenden Salat habe ich von einer italienischen Bekannten bekommen.

Christine Steiner, Wynigen

Zutaten
4 kleine Zucchetti
Olivenöl
Salz
4 Knoblauchzehen
1 Chilischote
2 El Kräuteressig

Salate und Saucen **15**

Power-Kraut-Rüeblisalat

**Zutaten
für 4 bis 6 Personen**
3 Rüebli
500 g rohes Sauerkraut
1 kleine Dose Ananas

Sauce
1,8 dl Sauermilch
2 El Öl
Salz
Pfeffer
mildes Currypulver

- Rüebli an der Bircherraffel reiben, Sauerkraut abtropfen lassen und grob hacken, Ananas in kleine Würfel schneiden, Saft beiseite stellen
- Für die Sauce Sauermilch mit etwas Ananassaft und dem Öl verrühren, mit Salz, Pfeffer und Curry abschmecken
- Sauce gut unter den Salat mischen und servieren

Margrit Stettler, Aarwangen

Surchabissalat

Zutaten
400 g rohes Sauerkraut
1 Fenchelknolle
1 grüne Peperoni
2 Tomaten

Sauce
1 Zwiebel
1 Knoblauchzehe
1 Kl getrockneter Majoran
1 Zitrone, Saft
8 El Olivenöl
Tabasco
Cayennepfeffer
Paprika

- Sauerkraut mit einer Gabel auflockern, Fenchel und Peperoni in dünne Streifen schneiden und mit dem Sauerkraut gut vermischen
- Für die Sauce Zwiebel und Knoblauch fein hacken und mit dem Majoran, Zitronensaft und Olivenöl gut verrühren, mit Tabasco, Cayennepfeffer und Paprika abschmecken
- Sauce mit dem Sauerkraut gut vermischen und 1 bis 2 Stunden ziehen lassen
- Vor dem Servieren Tomaten in kleine Würfel schneiden und beifügen

Martin Gerber, Riggisberg

Salate und Saucen

Eiersalat mit Speck

- Speck knusprig braten und auf Haushaltpapier abtropfen lassen
- Kresse waschen, abtropfen lassen und auf Tellern verteilen, Eier in Scheiben schneiden und auf der Kresse anrichten, mit dem Speck belegen
- Für die Sauce Jogurt, Mayonnaise und Rahm gut verrühren, mit Salz und Pfeffer würzen und über den Salat giessen, mit fein geschnittenem Schnittlauch garnieren

Martin Beyeler, Helgisried

Zutaten
4 Tranchen Bratspeck
50 g Kresse oder Sprossen
4 hart gekochte Eier

Sauce
50 g Jogurt nature
2 El Mayonnaise
2 El Rahm
Salz
Pfeffer aus der Mühle
½ Bund Schnittlauch
oder Frühlingszwiebeln

Margrets Salatsauce

- Alle Zutaten mit dem Stabmixer pürieren und in gut verschliessbare Flaschen füllen
- Hält sich im Kühlschrank etwa 1 Monat
- Sauce vor Gebrauch gut schütteln

Vor Jahren schenkte mir eine Landfrau eine Flasche dieser köstlichen Salatsauce zum Geburtstag. Sie kreierte nicht nur eine wunderschöne Etikette, sondern legte auch das entsprechende Rezept bei. Seither verwöhne ich meine Familie, meine Bekannten und Verwandten mit herrlichen Salaten.

Margret Aebi-Steiner, Kaltacker

Zutaten
250 g Magerquark
180 g Jogurt nature
2 frische Eier
2 Knoblauchzehen
1 kleine Zwiebel
1½ El Senf
1½ El Streuwürze
½ El Salz
½ El gehackte Kräuter
3 dl Kräuteressig
6 dl Rapsöl

Salatsauce auf Vorrat

Zutaten für 1,2 Liter

1 l Wasser
3 Gemüsebouillonwürfel
30 g Stärkemehl

1 dl Essig
1½ dl Rapsöl
2 El Senf
60 g Mayonnaise

- Wasser mit den Bouillonwürfeln und dem Stärkemehl aufkochen, erkalten lassen
- Essig, Öl, Senf und Mayonnaise dazurühren
- In gut verschliessbare Flaschen füllen und im Kühlschrank aufbewahren
- Vor dem Servieren mit fein gehackten Zwiebeln, Kräutern und Gewürzen nach Belieben ergänzen

Margrit Scheidegger, Sumiswald

Rassige Salatsauce auf Vorrat

Zutaten für etwa 3 Liter

2 frische Eier
1 El Salz
2 l Öl

4 dl Essig
4 dl Wasser
2 El Streuwürze
1 Kl Pfeffer
2 El Salatgewürz
1 El gemischte Kräuter
1 El Knoblauchpulver
2 El Senf
Flüssigwürze

- Eier, Salz und Öl kräftig verquirlen, Essig, Wasser, Gewürze und Kräuter beifügen und alles gut verrühren
- In gut verschliessbare Flaschen füllen und im Kühlschrank aufbewahren, hält sich etwa 4 Wochen
- Vor dem Gebrauch gut schütteln

Veronika Matter, Rubigen

Senfsauce

- Zwiebeln in der heissen Butter andünsten, mit Cognac und Wein ablöschen, die Hälfte des Rahms und den Senf dazugeben und aufkochen lassen
- Wenig Mehl mit etwas Butter vermengen, zur Sauce rühren und sämig köcheln lassen
- Restlichen Rahm steif schlagen, Pfanne vom Herd nehmen und den Rahm sorgfältig unter die Sauce ziehen
- Passt gut zu Plätzli oder einem feinen Filet

Mädi Künzli, Wasen im Emmental

Zutaten
1 El gehackte Zwiebeln
50 g Butter
1 Gläschen Cognac
2 dl Weisswein
1 dl Rahm
1 El Senf
wenig Mehl
Butter

Teufelssauce

- Zwiebeln fein hacken und mit den Speckwürfeln anbraten, mit Wein und Essig ablöschen, Tomatenpüree dazugeben und etwa 1 Stunde köcheln lassen
- Peperoncino in kleine Würfel schneiden und Kräuter fein hacken, beifügen und kräftig mit Pfeffer und Paprika würzen, nochmals mindestens 1 Stunde köcheln lassen
- Schmeckt hervorragend zu Teigwaren, Reis oder zu einem Fondue Chinoise
- Kann auf Vorrat zubereitet und portionsweise tiefgekühlt werden

Martin Gerber, Riggisberg

Zutaten
für 6 bis 8 Personen
4 Zwiebeln
400 g Speckwürfel
3 dl Weisswein
1 dl Kräuteressig
300 g Tomatenpüree
½ Peperoncino
1 Büschel Petersilie
1 Bund Schnittlauch
Kräuter nach Belieben
(Thymian, Majoran, Basilikum)
Pfeffer
Paprika

Rüebli-Currysuppe

Zutaten
500 g Rüebli
200 g mehligkochende Kartoffeln
80 g Zwiebeln
20 g Butter
2 El mildes Currypulver
1,2 dl Gemüsebouillon
2 dl Orangensaft
Salz
Pfeffer

- Rüebli in Scheiben schneiden, Kartoffeln schälen und in Würfel schneiden, Zwiebeln fein hacken und alles zusammen in der heissen Butter andünsten
- Curry beifügen und kurz mitdünsten, Bouillon und Orangensaft dazugiessen, aufkochen und zugedeckt etwa 30 Minuten sehr weichgaren
- Mit dem Stabmixer pürieren und mit Salz und Pfeffer abschmecken

Christine Gerber, Oberruntigen

Rüeblisuppe mit Ingwer

Zutaten
4 bis 6 Personen
6 Rüebli
1 Schalotte
30 g Butter
8 dl Gemüsebouillon
10–20 g Ingwer
Salz
Pfeffer
wenig Zitrone, Saft und Schale
1–2 dl Rahm oder saurer Halbrahm

Kürbiskerne oder Gartenkräuter

- Rüebli in feine Scheiben schneiden, Schalotte klein hacken und zusammen in der heissen Butter andünsten, mit der Bouillon ablöschen, Ingwer schälen, fein schneiden und beigeben, zugedeckt 20 Minuten weichköcheln lassen
- Mit dem Stabmixer fein pürieren und mit Salz, Pfeffer, wenig Zitronensaft und abgeriebener Zitronenschale abschmecken
- Vor dem Servieren Rahm steif schlagen, unter die Suppe ziehen und nach Belieben mit Kürbiskernen oder frischen, gehackten Gartenkräutern bestreuen

Variante
Den Ingwer durch etwas Zimt ersetzen – das passt besonders gut im Winter!

Nelly Hurni, Ostermanigen

 Suppen

Spinatsuppe

Zutaten
400 g frischer Spinat
1 Zwiebel
2 Knoblauchzehen
Butter
1 dl Wein
5 dl kräftige Gemüsebouillon
1 El Essig
Salz
Pfeffer
Muskat
Currypulver
1 dl Halbrahm

- Gewaschenen Spinat tropfnass in eine grosse Pfanne geben, zugedeckt in sich zusammenfallen lassen und kurz aufkochen, gut abtropfen lassen
- Zwiebel und Knoblauch fein hacken und in der heissen Butter andünsten, Spinat beifügen und kurz mitdünsten
- Mit dem Wein ablöschen, etwas einkochen lassen und mit dem Stabmixer pürieren
- Bouillon beifügen und 3 bis 5 Minuten köcheln lassen, mit Essig, Pfeffer, Muskat und Curry abschmecken
- Vor dem Servieren Rahm dazugeben und nochmals kurz erhitzen, nach Belieben mit Brotcroutons oder gebratenen Speckwürfeln garnieren

Martin Beyeler, Helgisried

Krautstielsuppe mit Randen

Zutaten
1 kg Krautstiele
1 Zwiebel
2 Knoblauchzehen
Butter
2 dl Wein
6 dl kräftige Gemüsebouillon
1 dl Rahm
Salz
Pfeffer
Muskat
1 kleine Rande

- Krautstiele rüsten, Blätter entfernen, zwei schöne Blätter beiseite legen, Stiele in Stücke schneiden
- Zwiebel und Knoblauch fein hacken und in der heissen Butter andünsten, mit Wein und Bouillon ablöschen, Krautstiele beifügen und weichkochen
- Mit dem Stabmixer pürieren, absieben und Rahm beifügen, mit Salz, Pfeffer und Muskat abschmecken und nochmals kurz aufkochen
- Rande schälen und in sehr feine Stifte schneiden, beiseite gelegte Krautstielblätter ebenfalls in sehr feine Streifen schneiden
- Suppe in Tellern verteilen und mit den Randen- und Krautstielstreifen garnieren

Martin Gerber, Riggisberg

 Suppen

Erbsencrèmesuppe

- Kartoffel schälen und in kleine Würfel schneiden, Petersilie fein hacken
- Zwiebel in feine Ringe schneiden und in der heissen Butter andünsten
- Erbsen, Kartoffel und Petersilie beifügen, mit dem Noilly Prat und der Bouillon aufgiessen und zugedeckt etwa 20 Minuten köcheln lassen
- Mit dem Stabmixer pürieren und gegebenenfalls mit etwas Bouillon verdünnen
- Vor dem Servieren Erbsen blanchieren, Toastbrot in Würfel schneiden und in der heissen Butter rösten, Speck knusprig braten und Rahm steif schlagen
- Rahm unter die Suppe ziehen, Erbsen in den Tellern verteilen, mit der Suppe auffüllen und mit den Brotwürfeln, dem Speck und den Petersilienzweigen garnieren

Zutaten

1 Kartoffel
½ Büschel glatte Petersilie
1 Frühlingszwiebel
20 g Butter
200 g frische
oder tiefgekühlte Erbsen
1 dl Noilly Prat
(weisser Wermut)
6 dl Gemüsebouillon
Salz
Pfeffer

80 g Erbsen
1 Scheibe Toastbrot
1 El Butter
4 Tranchen Bratspeck
1 dl Rahm

4 kleine Zweige Petersilie

Apfel-Specksuppe

Zutaten
1 Zwiebel
Butter
2 dl Apfelwein
300 g säuerliche Äpfel
2 El Majoranblättchen
3 dl kräftige Gemüsebouillon
2 dl Rahm
Salz
Pfeffer
1 Pr Cayennepfeffer

100 g Speck in Tranchen
½ Apfel
Rahm

- Zwiebel fein hacken und in der heissen Butter andünsten, mit dem Apfelwein ablöschen
- Äpfel schälen, Kerngehäuse entfernen, in kleine Würfel schneiden und mit der Hälfte der Majoranblättchen beifügen, mit Bouillon aufgiessen und 10 Minuten köcheln lassen
- Rahm dazugeben, mit dem Stabmixer pürieren, mit Salz, Pfeffer und Cayennepfeffer abschmecken und nochmals erhitzen, aber nicht mehr kochen
- Speck in 1 cm breite Streifen schneiden und knusprig braten, Apfel schälen, Kerngehäuse entfernen und in Schnitze schneiden, kurz mitbraten
- Suppe in Tellern anrichten und mit dem Speck, Apfel, den übrigen Majoranblättchen und mit etwas geschlagenem Rahm garnieren

Martin Gerber, Riggisberg

Apfel-Ingwersuppe

- Ingwer schälen und in dünne Scheiben schneiden, Zwiebeln fein hacken und Äpfel schälen, Kerngehäuse entfernen und in kleine Würfel schneiden, mit wenig Limonensaft beträufeln
- Zwiebeln in der heissen Butter andünsten, Äpfel und Ingwer beifügen und mitdünsten, mit Mehl bestäuben und mit der Bouillon, dem Apfelsaft und dem Rahm aufgiessen, Kokosflocken beifügen und unter Rühren aufkochen
- Ingwer herausnehmen, Suppe pürieren und durch ein Sieb streichen, mit Salz, Pfeffer und Cayennepfeffer abschmecken und mit dem Limonensaft verfeinern, nochmals kurz erhitzen
- Rahm steif schlagen und vorsichtig unterziehen, mit Curry bestäuben

Peter Engeloch, Riggisberg

Zutaten
50 g Ingwer
70 g Zwiebeln
600 g säuerliche Äpfel
20 g Limonen-
oder Zitronensaft
80 g Butter
70 g Weissmehl
2 l Hühnerbouillon
2 dl Apfelsaft
2 dl Halbrahm
und 1 El Kokosflocken
oder 2 dl Kokosmilch
Salz
Pfeffer aus der Mühle
Cayennepfeffer
5 dl Vollrahm
Currypulver

Kartoffelsuppe

- Kartoffeln und Sellerie schälen, in Würfel schneiden, Rüebli und Lauch in Stücke und Zwiebel in Viertel schneiden, im leicht gesalzenen Wasser etwa 20 Minuten weichkochen
- Mit dem Stabmixer pürieren, Würste beifügen und 5 bis 10 Minuten in der heissen Suppe ziehen lassen
- Suppe mit Salz, Streuwürze und Bouillonpulver abschmecken und mit dem Käse und etwas gehackter Petersilie bestreut servieren

Dora Heiniger, Wyssachen

Zutaten
500 g Kartoffeln
½ Sellerieknolle
250 g Rüebli
1–2 Stangen Lauch
1 Zwiebel
1½ l Wasser
2–4 Paar Rauchwürstli
oder Wienerli
etwas Salz
Streuwürze
Gemüsebouillonpulver

100–150 g geriebener Käse
Petersilie oder Selleriekraut

Suppen

Bärgweidli-Wintersuppe

Zutaten

700 g Kartoffeln
½ Sellerieknolle
2 grosse Rüebli
2 Knoblauchzehen
2 El Sonnenblumenöl
1–2 Kl getrockneter Thymian
1–1½ l Gemüsebouillon
Salz
Pfeffer
Muskat

- Kartoffeln, Sellerie und Rüebli schälen und in Würfel schneiden, Knoblauch fein hacken
- Knoblauch im heissen Öl andünsten, Sellerie und Rüebli dazugeben und mitdünsten, Thymian beifügen und mit Bouillon ablöschen, Kartoffeln dazugeben und etwa 25 Minuten weichkochen
- Mit dem Stabmixer pürieren und mit Salz, Pfeffer und Muskat abschmecken
- Dazu schmeckt frisches Bauernbrot

Das Besondere an dieser Suppe sind der Knoblauch und der Thymian, beides darf gut herausschmecken!

Jeannine Ryser, Sumiswald

Haslitaler Schwingersuppe

Zutaten

50 g Hafermehl
1 l Wasser
1 Salbeiblatt
Salz
Pfeffer
Muskat

50 g Brot
50 g Öl oder Bratbutter
1 Zwiebel
2 dl Rahm
1 Ei
Petersilie

- Mehl mit der Hälfte des kalten Wassers anrühren, übriges Wasser, Salbeiblatt und Gewürze nach Belieben beifügen und unter Rühren aufkochen, 20 Minuten köcheln lassen
- Brot in Würfel schneiden, Zwiebel fein hacken und zusammen im heissen Öl goldgelb braten
- Petersilie fein hacken, zu den Brotwürfeln mischen und alles in die Suppe geben
- Rahm und Ei verquirlen und vor dem Anrichten unter die Suppe rühren

Magdalena von Weissenfluh, Hasliberg-Reuti

Suppen

Madiswiler Weinsuppe

- Mehl in der heissen Butter anschwitzen, mit Bouillon und Wein ablöschen und unter Rühren aufkochen
- Rahm beifügen, nochmals kurz erhitzen und mit Salz und Pfeffer abschmecken
- Mit etwas geschlagenem Rahm und gehacktem Schnittlauch garnieren und mit einigen gerösteten Brotwürfeln servieren

Schnell zubereitet!

Annelies Lüthi, Madiswil

Zutaten
2 El Mehl
2 El Butter
4 dl Bouillon
4 dl Weisswein
3 dl Rahm
Salz
Pfeffer

½–1 dl Rahm
Schnittlauch
Brotwürfel

Brot-Käsesuppe

- Zwiebel und Knoblauch fein hacken und in der heissen Butter andünsten, mit dem Wein ablöschen, Bouillon beifügen und köcheln lassen
- Brot in kleine Würfel schneiden und in der heissen Butter rösten, Petersilie fein hacken
- Suppe in Suppentassen anrichten, Brotwürfel beifügen und mit der gehackten Petersilie und dem Käse bestreuen

Martin Gerber, Riggisberg

Zutaten
1 Zwiebel
1 Knoblauchzehe
20 g Butter
1 dl Weisswein
1 l Gemüsebouillon
100 g altbackenes Brot
1 El Butter
½ Büschel glatte Petersilie
100 g geriebener Käse

Suppen

Verpackter Käse

Zutaten

4 halbfette Tommes
(je etwa 100 g)
16 Tranchen Bratspeck
250 g Sellerieknolle
1 Büschel Petersilie
¼ Kl Salz
wenig Pfeffer
Butter

- Käse etwa 50 Minuten in den Tiefkühler geben, so lässt er sich besser schneiden, quer halbieren und die Käsehälften mit je zwei Specktranchen umwickeln
- Sellerie schälen, an der Röstiraffel reiben, Petersilie fein hacken und mit dem Salz und wenig Pfeffer gut vermischen
- In eine gebutterte Gratinform geben und die Käsehälften daraufsetzen
- In der Mitte des vorgeheizten Backofens bei 200 Grad 15 bis 20 Minuten backen
- Dazu Gschwellti und Salat servieren

Margrit Stettler, Aarwangen

Grosis Käseschnitten

Zutaten

4 grosse Scheiben Brot
(je 1½ cm dick)
1 dl Weisswein
200 g geriebener Emmentaler- oder anderer Käse
2 dl Rahm
2 Eier
Salz
Pfeffer
1 Pr Muskat
1 Pr Backpulver

- Brotscheiben auf ein mit Backtrennpapier belegtes Blech geben und mit dem Wein beträufeln
- Käse, Rahm und Eigelb verquirlen, mit Salz, Pfeffer und Muskat würzen
- Eiweiss mit dem Backpulver steif schlagen, sorgfältig unter die Käsemasse ziehen und gleichmässig auf den Brotscheiben verteilen
- Im vorgeheizten Ofen bei 200 Grad 20 Minuten überbacken
- Grosis Käseschnitten heiss mit einem Salat servieren

Elisabeth Gfeller, Huttwil

Emmetaler Landfroue-Chässchnitte

- Äpfel schälen, Kerngehäuse entfernen und in dicke Schnitze schneiden, mit Zitronensaft beträufeln
- Süssmost aufkochen, Apfelschnitze hineingeben und zugedeckt knapp weichdünsten, herausnehmen und beiseite stellen
- Speck in dünne Streifen schneiden und in der heissen Butter anbraten, Zwiebeln in feine Ringe schneiden und mitdünsten, bis sie knapp weich sind, aus der Pfanne nehmen
- Brotscheiben im Bratfett auf einer Seite kurz rösten und mit der gerösteten Seite nach oben auf ein mit Backtrennpapier belegtes Blech legen, die Speck-Zwiebelmischung darauf verteilen und mit den Apfelschnitzen belegen
- Käse in Scheiben schneiden und auf den Brotscheiben verteilen
- In der Mitte des vorgeheizten Ofens bei 200 Grad etwa 15 Minuten überbacken
- Vor dem Servieren mit frisch gemahlenem Pfeffer und Paprika bestreuen
- Zusammen mit einer grossen Schüssel Nüsslersalat ein währschaftes Mittag- oder Abendessen!

Ramona Hirschi, Ursenbach

Zutaten

4 kleinere Äpfel
1 Zitrone, Saft
2 dl Süssmost
160 g Bratspeck in Tranchen
2 Zwiebeln
2 El Butter
4 Scheiben Bauernbrot
200 g milder Emmentalerkäse
schwarzer Pfeffer aus der Mühle
edelsüsser Paprika

Racletteramequin

Zutaten
8 Scheiben Toastbrot
2 dl Weisswein
oder saurer Most
2 Birnen
8 Scheiben Raclettekäse
200 g Speckwürfel
Butter

Guss
4 Eier
4 dl Milch
Salz
Pfeffer
Paprika
Muskat

- Toastbrotscheiben mit dem Weisswein beträufeln, Birnen halbieren, Kerngehäuse entfernen und in Scheiben schneiden
- Abwechslungsweise Toastbrotscheiben, Raclettekäse, Birnen und Speckwürfel in eine gebutterte Auflaufform füllen
- Für den Guss Eier und Milch verquirlen und mit Salz, Pfeffer, Paprika und Muskat würzen, über die Toastbrotscheiben und den Käse giessen
- In der unteren Hälfte des vorgeheizten Backofens bei 200 Grad 25 bis 35 Minuten gratinieren

Barbara Hofer, Bannwil

Chäschüechli

Zutaten
Teig
150 g Mehl
2 Eier
1½ dl Bier

400 g Bergkäse
Bratbutter

- Für den Teig Mehl in eine Schüssel sieben, Eier und Bier verquirlen, zum Mehl geben und glattrühren, 30 Minuten ruhen lassen
- Käse in fingerdicke, 4 cm lange Rechtecke schneiden, im Mehl wenden, durch den Teig ziehen und in der heissen Butter halb schwimmend ausbacken, abtropfen lassen
- Zum Apéro oder mit einem gemischten Salat als leichtes Abend- oder Mittagessen servieren

Elsbeth Zobrist, Gampelen

Gmüesspiessli

Zutaten

600–800 g gemischtes Gemüse (z.B. Zucchini, Peperoni, Tomaten, Champignons, Zwiebeln)
1 El Öl
1 El gehackte Kräuter
½ Kl Salz

- Gemüse in 3 bis 4 cm grosse Stücke schneiden
- Öl, Kräuter und Salz dazugeben und vermischen
- Gemüse in bunter Reihenfolge auf Holzspiesse stecken
- In der Grill- oder Bratpfanne 2 bis 3 Minuten je Seite braten oder im vorgeheizten Ofen bei 180 Grad 10 bis 15 Minuten garen

Rita Gfeller, Herbligen

Süss-saures Sommergemüse

Zutaten

2 kleine Auberginen
2 El Olivenöl
2 Zucchetti
2 rote Peperoni
1 gelbe Peperoni
½ Stangensellerie
50 g Sultaninen
2 El Honig
2–3 El Weinessig
2–3 Kl Salz
Pfeffer
Cayennepfeffer
Sambal Oelek nach Belieben
2 El Mandelstifte

- Auberginen in 2 bis 3 cm grosse Würfel schneiden und im heissen Öl 5 bis 10 Minuten zugedeckt dünsten, herausnehmen und beiseite stellen
- Zucchetti in 1 cm dicke Scheiben schneiden, Peperoni in 2 bis 3 cm grosse Würfel und Sellerie in 3 cm lange Stücke schneiden, zusammen mit wenig Wasser etwa 5 Minuten zugedeckt dämpfen
- Auberginen, Sultaninen, Honig, Essig und Salz beifügen, mit Pfeffer, Cayennepfeffer und Sambal Oelek würzen und zugedeckt 5 Minuten fertig garen
- Auf einer Platte anrichten und 2 bis 3 Stunden ziehen lassen
- Mit gerösteten Mandelstiften bestreut servieren
- Schmeckt als Vorspeise oder zu gegrilltem Fleisch

Rosmarie Stauffer, Gampelen

Gemüse

Gemüseknusperli

- Toastbrotscheiben diagonal halbieren und auf ein mit Backtrennpapier belegtes Blech geben
- Rüebli und Zucchetti an der Röstiraffel reiben, Zwiebel und Knoblauch fein hacken und alles zusammen in der heissen Butter andünsten, mit Salz und Pfeffer abschmecken, auskühlen lassen
- Käse, Eigelb und Rahm verrühren und unter das Gemüse mischen, gehackte Kräuter beifügen und die Gemüsemasse auf den Toastbrotscheiben verteilen
- Im vorgeheizten Ofen bei 200 bis 220 Grad 10 bis 15 Minuten überbacken

Christine Gerber, Oberruntigen

Zutaten

6 Scheiben Toastbrot
2 Rüebli
2 Zucchetti
1 kleine Zwiebel
1 Knoblauchzehe
1 El Butter
Salz
Pfeffer
150 g geriebener Greyerzerkäse
1 Eigelb
4 El Rahm
gehackte Kräuter nach Belieben

Zucchettichüechli

- Mehl, Milch, Mineralwasser und verklopfte Eier gut vermengen, kräftig mit Salz, Pfeffer und Dill würzen, Zwiebel fein hacken und unterziehen, Teig etwa 30 Minuten quellen lassen
- Zucchetti an der Röstiraffel reiben, etwa 30 Minuten ziehen lassen, Saft ausdrücken und das Gemüse zum Teig mischen
- Portionsweise im heissen Öl langsam auf beiden Seiten hellbraun braten

So essen auch Kinder gerne Gemüse!

Susanne Winterberger, Moosseedorf

Zutaten für 16 Chüechli

300 g Mehl
1½ dl Milch
1½ dl Mineralwasser
2 Eier
Salz
Pfeffer
Dill
½ Zwiebel
400 g Zucchetti

Öl

Zucchettiräder

Zutaten
1 grosse Zucchetti
(etwa 2 kg)
Salz

Füllung
2 grosse Tomaten
1 Knoblauchzehe
1 Bund Basilikum
150 g gekochter Langkorn-Wildreis
1 El Olivenöl
Pfeffer

3 dl Gemüsebouillon

- Zucchetti in etwa 4 cm dicke Scheiben schneiden, aushöhlen und in eine ofenfeste Form oder auf ein Blech legen
- Für die Füllung Tomaten in Würfel schneiden, Knoblauch und Basilikum fein hacken und zusammen mit dem Reis und Öl vermischen, mit wenig Salz und Pfeffer würzen
- Füllung in den Zucchettischeiben verteilen und Bouillon in die Form giessen
- In der Mitte des vorheizten Ofens bei 200 Grad 30 bis 40 Minuten garen

Veronika Rupli, Neuenegg

Zucchetti-Käseauflauf

Zutaten
1 kg Zucchetti
200 g rezenter Käse
1 Zwiebel
4 Eier
4 El Mehl
Salz

- Zucchetti und Käse an der Röstiraffel reiben, Zwiebel grob hacken und mit den Eiern, dem Mehl und etwas Salz vermengen und in eine gebutterte Auflaufform füllen
- Im vorgeheizten Ofen bei 220 Grad 30 bis 45 Minuten überbacken

Variante
Anstelle eines Auflaufs eine Wähe zubereiten: 1 P Kuchenteig rund auswallen und auf ein mit Backtrennpapier belegtes Blech geben, Rand etwas hochziehen und den Teigboden mehrmals mit einer Gabel einstechen, Zucchetti-Käsemasse darauf verteilen und im vorgeheizten Ofen bei 220 Grad 30 bis 45 Minuten backen

Rosmarie Bärtschi, Huttwil

Gemüse

Tomatentraum

- Weiche Butter mit dem gepressten Knoblauch verrühren, mit Streuwürze abschmecken
- Parisette in 5 mm dicke Scheiben schneiden und mit der Knoblauchbutter bestreichen, etwas Butter beiseite stellen
- Tomaten in 5 mm dicke Scheiben schneiden, Käse vierteln
- Gratinform mit der restlichen Knoblauchbutter einreiben und Brot-, Tomaten- und Käsescheiben ziegelartig einfüllen, einige Käsescheiben beiseite legen
- Für den Guss Eier, Kaffeerahm und Stärkemehl verquirlen und mit Streuwürze, Pfeffer, Oregano und Thymian würzen
- Guss gleichmässig über die Tomaten-, Brot- und Käsescheiben verteilen, beiseite gelegten Käse in Würfel schneiden und darüberstreuen
- Im vorgeheizten Ofen bei 220 Grad 20 bis 30 Minuten überbacken

Therese Siegenthaler, Moosseedorf

Zutaten
100 g Butter
5–6 Knoblauchzehen
Streuwürze

½ Parisette
1–1½ kg Tomaten
12 Scheiben Raclettekäse

Guss
6 Eier
2½–3 dl Kaffeerahm
1 Kl Stärkemehl
Pfeffer
Oregano
Thymian

Fenchelgratin

Zutaten
4 Fenchelknollen
1 Zitrone, Saft
Salz
7½ dl Wasser

1 Zwiebel
1 Knoblauchzehe
3 El Butter
1 Dose geschälte, gehackte Tomaten
200 g Schinken
Pfeffer
4 El Paniermehl
40 g geriebener Parmesan

- Fenchel halbieren, Strunk entfernen und mit dem Zitronensaft und etwas Salz im kochenden Wasser 12 bis 15 Minuten garen lassen
- Fenchel herausnehmen und abtropfen lassen, 1¼ dl Kochsud beiseite stellen
- Zwiebel und Knoblauch fein hacken und in der heissen Butter andünsten
- Tomaten beifügen, Schinken in Würfel schneiden und ebenfalls dazugeben, mit Salz und Pfeffer abschmecken
- Sauce in eine gefettete Gratinform füllen, die Fenchelhälften mit der Schnittfläche nach unten hineinsetzen und mit dem beiseite gestellten Kochsud übergiessen
- Paniermehl und Käse vermischen und über die Fenchelhälften streuen
- In der Mitte des vorgeheizten Backofens bei 200 Grad 20 bis 30 Minuten gratinieren

Varianten
- Schinken durch Speck ersetzen
- Frische Tomaten verwenden und mit Kartoffeln oder Pilzen ergänzen

Rosemarie Gfeller-Oberli, Trimstein

Spinatquiche

- Für den Teig Mehl mit dem Salz in eine Schüssel geben, Butter in Stücken beifügen und verreiben, Ei und Wasser verquirlen, dazugeben und alles rasch vermengen, aber nicht kneten, 2 bis 3 Stunden kühlstellen
- Für den Belag Spinat antauen lassen, grob hacken und kurz erhitzen, Pfanne vom Herd nehmen
- Quark, Frischkäse und Eier gut verrühren, mit Salz, Pfeffer und Muskat würzen und unter den Spinat mischen
- Teig auswallen, auf ein mit Backtrennpapier belegtes Wähenblech (28 cm Durchmesser) geben, einen Rand hochziehen und den Teigboden mit einer Gabel mehrmals einstechen, Belag gleichmässig darauf verteilen
- Auf der untersten Rille des vorgeheizten Ofens bei 200 Grad 40 bis 45 Minuten backen
- Lauwarm mit einem Salat servieren

Tipp
Lässt sich auch mit 500 g fertigem Kuchenteig zubereiten

Rosmarie Stauffer, Gampelen

Zutaten
Teig
250 g Dinkelmehl
½ Kl Salz
125 g Butter
1 Ei
1 dl Wasser

Belag
500 g tiefgekühlter Blattspinat
250 g Halbfettquark
200 g Frischkäse mit Kräutern und Knoblauch
3 Eier
Salz
Pfeffer
Muskat

Krautstielgratin

Zutaten
1 kg Krautstiele
3 dl Vollmilch
4 El Weissmehl
50 g geriebener Käse
Salz
Pfeffer
Muskat

- Krautstielblätter grob hacken und beiseite stellen, Stiele in 2 cm breite Streifen schneiden und in wenig Salzwasser 5 bis 10 Minuten knapp gar kochen, abschöpfen und in eine Gratinform geben
- Blätter in das Salzwasser geben, 5 Minuten garen lassen und mit wenig Kochflüssigkeit mit dem Stabmixer pürieren
- Milch mit dem Mehl unter Rühren aufkochen, die Hälfte des Käses und die pürierten Krautstielblätter beifügen, mit Salz, Pfeffer und Muskat würzen und über den Krautstielen verteilen, mit dem restlichen Käse bestreuen
- Auf der untersten Rille des vorgeheizten Ofens bei 200 Grad etwa 20 Minuten gratinieren

Variante
Ergänzt werden kann das Gericht mit 100 g in Würfel geschnittenem Schinken oder Speck

Rosmarie Stauffer, Gampelen

Blumenkohl-Kartoffelauflauf

- Blumenkohl in Röschen zerteilen und in Salzwasser knapp weichkochen, abtropfen lassen
- Kartoffeln schälen, in dicke Scheiben schneiden und ebenfalls in Salzwasser bissfest kochen, abtropfen lassen
- Kartoffeln kurz in etwas heisser Butter schwenken, mit dem Blumenkohl vermengen und in eine gebutterte Auflaufform füllen
- Mehl in der heissen Butter kurz anschwitzen, nach und nach kalte Milch dazugeben und unter ständigem Rühren aufkochen
- Zu einem glatten Brei kochen, kräftig mit Salz, Pfeffer und Muskat würzen und etwas auskühlen lassen
- Käse und verklopftes Eigelb dazurühren, Eiweiss steif schlagen und vorsichtig unterziehen
- Masse auf den Kartoffeln und dem Blumenkohl verteilen
- Im vorgeheizten Ofen bei 180 Grad etwa 30 Minuten überbacken

Hedy Zenger, Habkern

Zutaten

1 kg Blumenkohl
750 g Kartoffeln
Butter

50 g Mehl
40 g Butter
3–5 dl Milch
Salz
Pfeffer
Muskat
100 g geriebener Emmentalerkäse
50 g geriebener Sbrinz
3 Eier

Chicorée in Rosa

Zutaten
4 Chicorée
Salz
8 Tranchen Schinken
1 El Senf
½ dl Ketchup
1,8 dl Sauerrahm
75–100 g geriebener Sbrinz
Butter

- Chicorée halbieren, Strunk entfernen und in genügend Salzwasser bissfest kochen, abtropfen lassen
- Schinkentranchen auslegen, mit dem mit Senf verrührten Ketchup bestreichen, mit je einer Chicoréehälfte belegen und satt aufrollen, in eine gebutterte Gratinform legen
- Mit Rahm übergiessen und mit Käse bestreuen
- Im vorgeheizten Ofen bei 180 Grad 20 Minuten überbacken

Variante
Schmeckt auch mit Lauch statt Chicorée

Kinder mögen dieses Gratin besonders wegen seiner Farbe!

Bertha Studer, Gampelen

Schwarzwurzelgratin

Zutaten
800 g Schwarzwurzeln
8 dl Wasser
2 dl Milch
Salz

200 g Schinken oder Fleisch- oder Wurstreste
800 g Kartoffeln
80 g geriebener Käse

360 g Saucenhalbrahm
Pfeffer
Muskat

- Schwarzwurzeln schälen, in etwa 4 cm lange Stücke schneiden und in Essig oder Zitronenwasser einlegen (so bleiben sie schön weiss), in Milch und Salzwasser weichkochen, gut abtropfen lassen und in eine Gratinform füllen
- Schinken in Streifen schneiden und auf die Schwarzwurzeln geben
- Kartoffeln schälen, in dünne Scheiben schneiden und in Salzwasser weichkochen, gut abtropfen lassen und auf den Schinkenstreifen verteilen, mit dem Käse bestreuen
- Saucenhalbrahm mit Salz, Pfeffer und Muskat verrühren und über die Kartoffeln giessen
- Im vorgeheizten Ofen bei 180 Grad 30 Minuten überbacken
- Mit grünem Salat ein herrliches Essen

Elisabeth Gfeller, Huttwil

Lauchstrudel Seeländerart

- Für den Teig Mehl und Salz vermischen, Ei, Öl und Wasser verquirlen, zum Mehl geben und 5 bis 10 Minuten zu einem glatten, elastischen Teig kneten, mindestens 30 Minuten zugedeckt ruhen lassen
- Für die Füllung Lauch in 2 cm lange Stücke schneiden und im heissen Öl 5 Minuten dünsten
- Verquirlte Eier unter den noch heissen Lauch mischen, mit Salz und Pfeffer würzen, Quark und Käse unterziehen
- Teig sehr dünn zu einem Rechteck auswallen, auf ein Küchentuch legen und mit den Händen möglichst gross ausziehen, mit Öl bestreichen
- Füllung gleichmässig darauf verteilen, dabei einen Rand von etwa 2 cm belassen und diesen über die Füllung legen
- Teig von der Längsseite her mit Hilfe des Tuchs aufrollen, mit der Naht nach unten auf ein mit Backtrennpapier belegtes Blech legen und mit Öl bestreichen
- Im vorgeheizten Ofen bei 200 Grad 35 bis 45 Minuten backen, während des Backens zwei- bis dreimal mit dem restlichen Öl bestreichen
- Heiss oder lauwarm servieren

Tipp
Gleich die doppelte Menge Teig zubereiten und eine Portion einfrieren

Rosmarie Stauffer, Gampelen

Zutaten
für 3 bis 4 Personen

Teig
200 g Ruchmehl
½ Kl Salz
1 Ei
3 El Rapsöl
4 El Wasser

Füllung
600 g Lauch
1 El Rapsöl
2 Eier
Salz
Pfeffer
250 g Halbfettquark
150 g geriebener Greyerzerkäse

2 El Rapsöl

Henäs Landjäger-Lauchgemüse

Zutaten
8 Stangen Lauch
4–5 Kartoffeln
8 Landjäger
Butter
5 dl Wasser
Gemüsebouillonpulver
Pfeffer
Streuwürze
Flüssigwürze

- Lauch längs halbieren und in 1 bis 2 cm breite Streifen schneiden, Kartoffeln schälen und in kleine Würfel schneiden, Landjäger in 3 bis 5 mm dicke Scheiben schneiden
- Lauch in wenig Butter andünsten, Kartoffeln und Landjäger beifügen und mit Wasser ablöschen
- Würzen mit Bouillonpulver und Pfeffer und nach Belieben mit Streu- und Flüssigwürze, 45 bis 60 Minuten köcheln lassen
- Mit Apfelmus servieren

Heinz Eggimann, Wyssachen

Lauchrollen

Zutaten
600–700 g Lauch
6–8 Tranchen Schinken
2 dl Rahm
Streuwürze
Pfeffer
Muskat

Butter
geriebener Käse

- Lauch in 4 bis 6 cm lange Stücke schneiden und etwa 15 Minuten im Salzwasser weichkochen, abtropfen lassen
- Schinkentranchen mit dem Lauch belegen, aufrollen und in eine gebutterte Auflaufform schichten
- Rahm mit der Streuwürze, Pfeffer und Muskat würzen und über die Schinkenrollen giessen, einige Butterflocken darauf verteilen und mit Käse bestreuen
- Im vorgeheizten Ofen bei 180 bis 200 Grad etwa 30 Minuten gratinieren
- Dazu Bratkartoffeln und Apfelschnitze servieren

Alice Jordi, Wyssachen

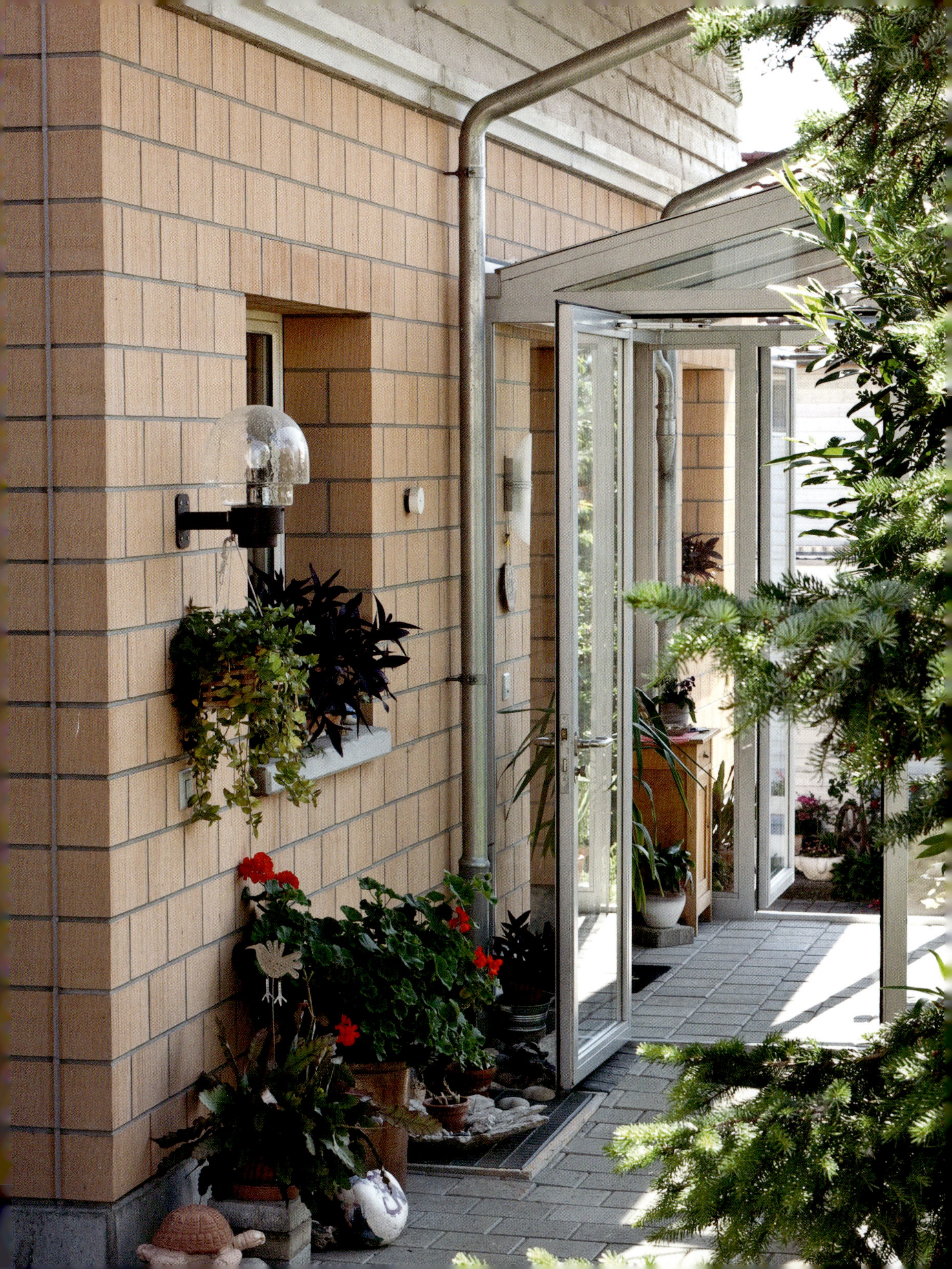

Überbackene Randen

Zutaten
700 g gekochte Randen
1 dl Bouillon
1 grosse Zwiebel
100 g Speckwürfel
1 Zweig Rosmarin
2–3 El Öl
Salz
Pfeffer
geriebener Käse

- Randen in dünne Scheiben schneiden und ziegelartig in eine feuerfeste Form füllen, mit der Bouillon übergiessen
- Zwiebel fein hacken und mit dem Speck und den Rosmarinnadeln im heissen Öl andünsten
- Über den Randen verteilen, mit Salz und Pfeffer würzen und mit geriebenem Käse bestreuen
- Im vorgeheizten Ofen bei 200 Grad etwa 20 Minuten überbacken
- Zu einem Fleischgericht und Kartoffeln oder Teigwaren servieren

Hanni Zenger, Habkern

Wirsing mit Hackfleischkugeln

Zutaten
1 Wirsing (etwa 750 g)
4 rote Peperoni
2 Zwiebeln
Bratbutter
Salz
Pfeffer
5 dl Bouillon
3 Nelken
1 Lorbeerblatt

1 Brötchen
1–2 dl Milch
1 Zwiebel
600 g gemischtes Hackfleisch
1 Ei

- Wirsing und Peperoni in Streifen schneiden, Zwiebeln fein hacken und alles zusammen in etwas heisser Butter andünsten, mit Salz und Pfeffer würzen und mit der Bouillon ablöschen, Nelken und Lorbeerblatt beifügen und 20 bis 30 Minuten köcheln lassen
- Brötchen in warmer Milch einweichen, ausdrücken und zerrupfen, Zwiebel fein hacken
- Hackfleisch mit dem Brötchen, der Zwiebel und dem verklopften Ei gut vermengen, kräftig mit Salz und Pfeffer würzen
- Aus der Masse Kugeln von etwa 3 cm Durchmesser formen, zum Gemüse geben und etwa 20 Minuten mitgaren lassen

Landfrauen Kreis Helmstedt

Gemüse

Rotkabis mit pikant gefüllten Äpfeln

- Rotkabis an einem Hobel oder mit einem Messer in Streifen schneiden, Apfel schälen, Kerngehäuse entfernen und an einer Bircherraffel zum Kabis reiben, Reis dazugeben und mit dem Wein und Essig vermischen, mindestens 12 Stunden ziehen lassen
- Zwiebel fein hacken und in der heissen Butter andünsten, den Kabis mit dem Reis dazugeben und mitdünsten
- Abschmecken mit Salz und Zucker, Lorbeerblatt und Nelken beifügen und 30 bis 40 Minuten köcheln lassen, gegebenenfalls etwas Wasser beifügen
- Äpfel schälen, Kerngehäuse ausstechen und in eine gebutterte Auflaufform stellen
- Zwiebeln fein hacken und mit den Speckwürfeln anbraten, mit wenig Salz und Pfeffer würzen und in die ausgehöhlten Äpfel füllen
- Äpfel im vorgeheizten Ofen bei 180 Grad 20 Minuten garen
- Kurz vor dem Servieren Kabis mit dem Johannisbeergelee verfeinern und mit den gefüllten Äpfeln anrichten
- Dazu schmecken Salzkartoffeln am besten

Elsi Wyss, Habkern

Zutaten

1 kg Rotkabis
1 Apfel
1 El Rundkornreis
1 dl Rotwein
½ dl Essig
1 Zwiebel
1 El Bratbutter
Salz
1 Kl Zucker
1 Lorbeerblatt
2 Nelken

8 festkochende Äpfel
2 Zwiebeln
150 g Speckwürfel
Pfeffer

2 El Johannisbeergelee

Gemüse

Kürbisgratin mit Knöpfli

Zutaten
800 g Kürbisfleisch
1 Zwiebel
2 Knoblauchzehen
2 El Olivenöl
3 dl Gemüsebouillon
Pfeffer
Currypulver
2 dl Halbrahm
300 g Knöpfli
80 g geriebener Käse
20 g Kürbiskerne

- Kürbis in 1 cm grosse Würfel schneiden, Zwiebel und Knoblauch fein hacken und alles zusammen im heissen Olivenöl andünsten, mit Bouillon ablöschen, mit Pfeffer und Curry abschmecken und knapp weichkochen
- Rahm dazugeben
- Kürbis und Knöpfli lagenweise in eine gefettete Gratinform füllen und mit Käse und Kürbiskernen bestreuen
- Im vorgeheizten Ofen bei 220 Grad etwa 20 Minuten gratinieren
- Dazu passt ein grüner Salat

Christine Lanz, Walterswil

Gefüllter Kürbis «Delicata»

Zutaten
500 g Kürbis «Delicata»
4–5 dl kräftige Bouillon
180 g Frischkäse mit Kräutern
oder Crème fraîche
mit Kräutern

- Kürbis ungeschält halbieren, mit einem Löffel die Kerne entfernen und mit der Schnittfläche nach unten in der heissen Bouillon etwa 10 bis 12 Minuten bissfest kochen
- Kürbishälften in eine Gratinform legen und mit dem Käse füllen
- Im vorgeheizten Ofen bei 200 bis 220 Grad 10 bis 15 Minuten gratinieren
- Kürbisfleisch mit einem Löffel aus der Schale schaben und auf Tellern verteilen oder gleich mit der Schale servieren und so geniessen

Kürbisse versuche ich immer wieder auf neue Weise zu verarbeiten. Dieses einfache und schnell zuzubereitende Gericht schmeckt allen.

Erika Furrer-Rickli, Leuzigen

Rosenkohl Annabelle

- Sultaninen etwa 1 Stunde im Rum einlegen
- Zwiebel fein hacken und in der heissen Butter andünsten, Rosenkohl beifügen und mitdünsten, mit der Bouillon ablöschen und 15 bis 20 Minuten bissfest garen
- Mit Pfeffer und Muskat würzen, Rahm und Sultaninen beifügen, nochmals erhitzen und anrichten
- Schinkenwürfel kurz anbraten und über dem Rosenkohl verteilen
- Schmeckt hervorragend zu allerlei Wildgerichten

Anna Fankhauser, Utzigen

Zutaten
50 g Sultaninen
3 El Rum

1 Zwiebel
20 g Butter
800 g Rosenkohl
2 dl Bouillon
Pfeffer
Muskat
1 dl Rahm
50 g Schinkenwürfel

Rosenkohl mit glasierten Kastanien

- Rosenkohl rüsten und im Salzwasser 3 Minuten knapp weichkochen, abtropfen lassen
- Zwiebel fein hacken, im heissen Öl andünsten, Rosenkohl beifügen, mit Bouillon ablöschen und etwa 15 Minuten köcheln lassen
- Kastanien separat in der Bouillon etwa 10 Minuten bissfest kochen, Birnendicksaft dazugeben und sirupartig einkochen lassen
- Rosenkohl anrichten und die Kastanien mit dem Sirup darauf verteilen

Variante
Statt Birnendicksaft kann auch Karamell- oder Ahornsirup verwendet werden

Elsbeth Gyger, Gampelen

Zutaten
600 g Rosenkohl
Salz
1 Zwiebel
1 El Rapsöl
1 dl Bouillon

200 g tiefgekühlte Kastanien
½ dl Bouillon
2 El Birnendicksaft

Rosenkohlgratin

Zutaten
750 g Rosenkohl
300 g Hackfleisch
3 El Butter oder Öl
1 Zwiebel
1 El Mehl
1 dl Weisswein
1 dl Bouillon

Guss
2 El Stärkemehl oder Mehl
2 dl Voll- oder Halbrahm
Salz
Pfeffer
3 El geriebener Greyerzerkäse

- Rosenkohl rüsten und in leicht gesalzenem Wasser 5 Minuten kochen, abtropfen lassen
- Hackfleisch in der heissen Butter kurz anbraten, Zwiebel fein hacken und mitdünsten
- Mit Mehl bestäuben und mit dem Wein und der Bouillon ablöschen
- Die Hälfte des Rosenkohls in eine gebutterte Auflaufform geben, das Fleisch darauf verteilen und mit dem restlichen Rosenkohl bedecken
- Für den Guss Stärkemehl mit dem Rahm verrühren, mit Salz und Pfeffer abschmecken und über den Rosenkohl giessen
- Im vorgeheizten Ofen bei 180 Grad 20 Minuten mit Alufolie bedeckt garen lassen
- Alufolie entfernen, den Rosenkohl mit dem Käse bestreuen und bei 220 Grad Oberhitze 10 Minuten gratinieren

Im Seeland wächst viel Rosenkohl. Findige Landfrauen reichen ihn deshalb nicht nur als Beilage zu Fleischgerichten, sondern bringen ihn auch als Hauptgericht auf den Tisch.

Elsbeth Gyger, Gampelen

Pastinaken

- Pastinaken schälen und in Stifte schneiden
- Schalotten fein hacken und in der heissen Butter andünsten, Pastinaken und Zucker dazugeben und kurz mitdünsten
- Mit Bouillon ablöschen, mit Salz abschmecken und 5 Minuten köcheln lassen

Pastinaken habe ich erst vor ein paar Jahren bei meiner Schwiegermutter wiederentdeckt. Sie zu kultivieren ist sehr einfach. Sie bleiben unter Schnee oder im Keller problemlos bis zum Frühjahr frisch.

Christine Bühler, Tavannes

Zutaten
3 Pastinaken
2 Schalotten
1 Kl Bratbutter
½ Kl Zucker
1 dl Bouillon
Salz

Pikant gefüllte Äpfel

- Äpfel schälen, Kerngehäuse ausstechen und in eine gebutterte Auflaufform setzen
- Zwiebeln fein hacken und mit den Speckwürfeln anbraten
- Äpfel mit der Speck-Zwiebelmasse füllen und mit Salz, Pfeffer und Zimt würzen
- Im vorgeheizten Ofen bei 180 Grad etwa 25 Minuten schmoren
- Schmeckt hervorragend zu Wildgerichten

Elsbeth Zobrist, Gampelen

Zutaten
8 Äpfel (Boskoop)
Butter
2 Zwiebeln
150 g Speckwürfel
Salz
Pfeffer
Zimt

Gschwellti mit Sossa

Zutaten
8–12 Kartoffeln
(je nach Grösse und Appetit)
1 grosse Zwiebel
3 El Öl
5 El Mehl
3 dl Bouillon oder Wasser
3 dl Weisswein
300 g geriebener Käse
Salz
Pfeffer
Muskat

- Kartoffeln ungeschält bissfest kochen
- Zwiebel fein hacken und im heissen Öl dünsten, Mehl mit etwas Bouillon anrühren, mit dem Wein und der restlichen Bouillon zu den Zwiebeln geben und 5 Minuten köcheln lassen
- Käse unterziehen und mit Salz, Pfeffer und Muskat abschmecken
- Kartoffeln in Teller geben, mit der Sauce übergiessen und mit einem frischen Saisonsalat oder Früchtekompott geniessen

Hanni Zenger, Habkern

Rahm-Chrüterhärdöpfu

Zutaten
600 g Kartoffeln
1½ dl kräftige
Gemüsebouillon
2½ dl Rahm
frische Gartenkräuter
3–4 El geriebener Käse
Butter

- Kartoffeln schälen und im Abstand von 2 bis 3 mm einschneiden, aber nicht ganz durchtrennen, leicht auseinanderdrücken und in eine gebutterte Auflaufform setzen
- Bouillon, Rahm und gehackte Kräuter aufkochen und über die Kartoffeln giessen
- In der Mitte des vorgeheizten Ofens bei 200 Grad etwa 30 Minuten garen, mit dem Käse bestreuen, einige Butterflocken darüber verteilen und weitere 15 Minuten bräunen lassen

Katharina Schafroth, Oberönz

Seeländer Kartoffel-Spargelpfanne

- Kartoffeln schälen und in Würfel schneiden, im Dampfkochtopf 4 Minuten kochen lassen
- Spargeln in Stücke schneiden und in genügend Salz-Zuckerwasser 15 Minuten kochen
- Speck in 2 cm grosse Stücke schneiden und anbraten
- Kartoffeln und Spargeln zum Speck mischen und kurz anbraten
- Käse in kleine Würfel schneiden und untermischen, mit Salz und Pfeffer abschmecken und mit gehackten Kräutern verfeinern
- Kartoffel-Spargelpfanne anrichten und zugedeckt stehen lassen, bis der Käse geschmolzen ist

Yvonne Eugster, Wengi bei Büren

Zutaten
1 kg Kartoffeln
500 g grüne Spargeln
1 El Salz
1 Kl Zucker
70 g Bratspeck
50 g Käse
Salz
Pfeffer
Kräuter nach Belieben

Kartoffeln mit Schwarzwurzeln

- Kartoffeln schälen, in Würfel schneiden und ins kochende Salzwasser geben
- Schwarzwurzeln einzeln schälen und sofort unter kaltem Wasser abspülen, in Stücke schneiden, zu den Kartoffeln geben und bissfest kochen, Wasser abgiessen und abtropfen lassen
- Paniermehl in der heissen Butter rösten und mit dem Käse unter das Gemüse mischen

Esther Dietrich, Gampelen

Zutaten
800 g festkochende Kartoffeln
500 g Schwarzwurzeln
2–3 El Paniermehl
Bratbutter
150 g geriebener Greyerzerkäse

Christines Härdöpfuchüechli

Zutaten
600 g Kartoffeln
1 Knoblauchzehe
¼ Kl Salz
wenig Pfeffer
Kräuter nach Belieben
Butter

- Kartoffeln schälen und an der Bircherraffel reiben, etwas ausdrücken
- Knoblauch dazupressen, mit dem Salz, Pfeffer und fein gehackten Kräutern nach Belieben würzen und gut vermischen
- Grössere Güetziformen (z.B. Herz, Stern) auf ein mit Backtrennpapier belegtes Blech setzen, Kartoffelmasse etwa 1 cm hoch einfüllen, leicht festdrücken und die Form entfernen, mit einem Stück Butter belegen, Vorgang wiederholen, bis die Kartoffelmasse aufgebraucht ist
- In der Mitte des vorgeheizten Ofens bei 240 Grad 30 bis 40 Minuten backen, allenfalls nach der Hälfte der Backzeit mit etwas Öl beträufeln
- Dazu passen Fleisch mit Sauce, Gemüse und Salat

Christine Gerber, Oberruntigen

Möslirösti

Zutaten
10–12 Kartoffeln
1 rote Peperoni
1 grüne Peperoni
2 Zwiebeln
2 Cervelats
oder Kümmelwürste
1 El Öl
½ Kl Salz

- Kartoffeln ungeschält in grobe Stifte, Peperoni in Streifen schneiden, Zwiebeln vierteln und Cervelats schälen und in Scheiben schneiden
- Alles im heissen Öl etwa 30 Minuten unter gelegentlichem Rühren anbraten, mit Salz abschmecken
- Mit einem grünen Salat ein feines Abend- oder auch ein schnelles Mittagessen!

Einer unserer früheren Stalljungen schwärmte zuhause offenbar immer wieder von dieser Rösti, die er bei uns an der Möslistrasse in Mühlethurnen hin und wieder essen durfte. Als seine Mutter sich nach dem Rezept erkundigte, wusste ich erst gar nicht, was sie mit «Möslirösti» meinte. Mittlerweile wird diese Kartoffelpfanne aber auch bei uns so genannt.

Elisabeth Frutig, Mühlethurnen

Kartoffeln, Teigwaren und Getreide

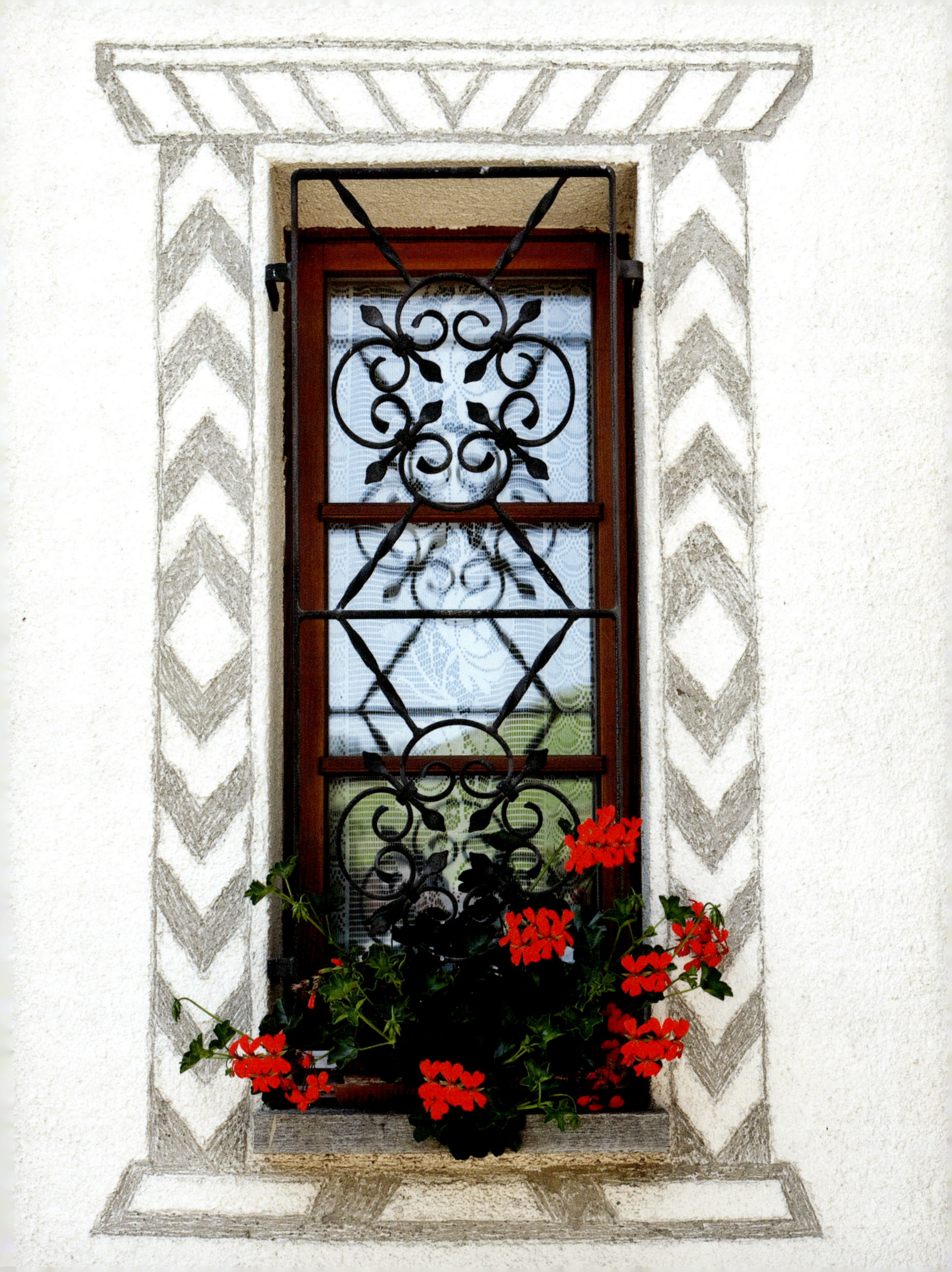

Ofenkartoffeln mit Käse

Zutaten
800 g Kartoffeln
Öl
Kümmel nach Belieben
16–20 Scheiben Emmentaler- oder Raclettekäse

- Kartoffeln schälen, der Länge nach halbieren und mit der Schnittfläche nach unten auf ein mit Backtrennpapier belegtes Blech setzen
- Mit Öl bestreichen und mit Kümmel bestreuen
- Bei 200 Grad 40 bis 50 Minuten in der Mitte des vorgeheizten Ofens garen lassen
- Kartoffeln mit je einer Scheibe Käse belegen und nochmals für 3 bis 5 Minuten im oberen Drittel des Ofens überbacken

Dora Heiniger, Wyssachen

Blitzkartoffelgratin

Zutaten
600 g Kartoffeln
1 Zwiebel
1 Knoblauchzehe
2½ dl Vollrahm
2 dl Bouillon
¾ Kl Salz
Pfeffer
Muskat
50 g geriebener Käse

- Kartoffeln schälen und in dünne Scheiben schneiden, Zwiebel und Knoblauch fein hacken
- Mit dem Rahm und der Bouillon aufkochen, mit Salz, Pfeffer und Muskat würzen und 10 Minuten knapp weichköcheln lassen
- Kartoffeln mit der Flüssigkeit in eine gebutterte Auflaufform geben und mit dem Käse bestreuen
- Im vorgeheizten Ofen bei 200 Grad 20 Minuten gratinieren

Dieses Rezept war ein Beitrag des Verbandes bernischer Landfrauenvereine für die Broschüre «Kartoffelrezepte aus allen Kantonen»

Christine Bühler, Tavannes

Kartoffeln, Teigwaren und Getreide

Ruths Kartoffelgratin

- Kartoffeln schälen und in dünne Scheiben schneiden, Knoblauch fein hacken
- Rahm, Wein und Knoblauch verrühren, mit Salz, Pfeffer und Muskat würzen und unter die Kartoffelscheiben mischen
- In eine gebutterte Auflaufform füllen und mit geriebenem Käse bestreuen
- Im vorgeheizten Ofen bei 200 Grad (180 Grad Umluft) etwa 1 Stunde gratinieren

Jeannine Ryser, Sumiswald

Zutaten

1 kg Kartoffeln
1 Knoblauchzehe
200 g Sauerrahm
1 dl Weisswein
Salz
Pfeffer
Muskat
geriebener Käse
Butter

Brokkoli-Kartoffelgratin

- Brokkoli in Röschen zerteilen und in genügend Salzwasser knapp weichkochen, abtropfen lassen
- Kartoffeln schälen, mit dem Käse an der Röstiraffel reiben, gut vermischen und in eine gebutterte Gratinform füllen, Brokkoliröschen darauf verteilen und leicht hineindrücken
- Für den Guss Milch, Rahm, Eier, Salz und Muskat gut verrühren, über die Brokkoliröschen giessen und mit etwas geriebenem Käse bestreuen
- Im vorgeheizten Ofen bei 220 Grad etwa 25 Minuten gratinieren

Varianten

- Anstelle von Brokkoli kann auch anderes Gemüse verwendet werden
- Mit Schinken-, Fleisch- oder Wurstresten ergänzen

Veronika Matter, Rubigen

Zutaten

400 g Brokkoli
Salz
800 g Gschwellti (gekochte Kartoffeln)
200 g Tilsiter- oder Appenzellerkäse
Butter

Guss

2 dl Milch
1 dl Rahm
2 Eier
¾ Kl Salz
1 Msp Muskat

geriebener Käse

Kartoffeln, Teigwaren und Getreide

Lauch-Kartoffelgratin

Zutaten
1 Zwiebel
Butter
400 g Lauch
4 dl Bouillon
600 g Kartoffeln

1 Ei
50 g geriebener Käse
Salz
Pfeffer
1 dl Rahm

- Zwiebel fein hacken und in heisser Butter andünsten
- Lauch in etwa 3 cm lange Stücke schneiden und mitdünsten
- Bouillon dazugiessen und etwa 10 Minuten köcheln lassen
- Kartoffeln schälen und in hauchdünne Scheiben schneiden, zum Lauch geben und bissfest kochen
- Verklopftes Ei und Käse vermischen, mit Salz und Pfeffer würzen, Rahm steif schlagen und vorsichtig unterziehen
- Gemüse in eine Gratinform füllen, mit der Hälfte der Ei-Käsemasse vermischen, die restliche Masse auf dem Gemüse verteilen
- Im vorgeheizten Ofen bei 180 Grad etwa 15 Minuten überbacken

Erika Furrer-Rickli, Leuzigen

Marcels Kartoffel-Lauchmues

- Kartoffeln schälen und in Würfel schneiden, Lauch in Ringe schneiden
- Zwiebel fein hacken und in der heissen Butter andünsten, Kartoffeln und Lauch beifügen und mitdünsten
- Mit Wein ablöschen, Bouillon dazugiessen und halb zugedeckt weichköcheln lassen, gegebenenfalls noch etwas Bouillon dazugeben
- Mit dem Kartoffelstampfer zerdrücken, Rahm unterrühren und mit Salz und Pfeffer abschmecken

Marcel Steinmann, Büren an der Aare

Zutaten
650 g Kartoffeln
680 g Lauch
1 Zwiebel
20 g Butter
1 dl Weisswein
7 dl Gemüsebouillon
1½ dl Rahm

Kartoffelomeletten mit Pilzfüllung

- Kartoffeln schälen, in Würfel schneiden und im Salzwasser weichkochen, abtropfen lassen
- Mehl mit der Milch verrühren, verklopfte Eier und Salz beifügen, Kartoffeln pürieren und untermischen, etwa 15 Minuten ruhen lassen
- In wenig heisser Butter 8 Omeletten backen, warmstellen
- Für die Füllung Lauch in Ringe schneiden und in der heissen Butter andünsten, Pilze in Scheiben schneiden und mitdünsten, Tomate in Würfel schneiden und ebenfalls dazugeben, Cognac und Rahm unterrühren und 2 bis 3 Minuten köcheln lassen, mit Salz und Pfeffer würzen
- Füllung auf den Omeletten verteilen, aufrollen und sofort servieren

Anna Fankhauser, Utzigen

Zutaten
für 8 Stück
300 g Kartoffeln
150 g Mehl
2 dl Milch
4 Eier
¾ Kl Salz

Füllung
1 Stange Lauch
1 El Bratbutter
300 g Champignons
1 Tomate
1 El Cognac
180 g Saucenrahm
½ Kl Salz
wenig Pfeffer

Kartoffeln, Teigwaren und Getreide

Kartoffelmuffins

Zutaten
150 g Knöpfli- oder Weissmehl
½ P Trockenhefe
1 Kl Salz
2 Eier
1½ dl Milch
Pfeffer
Paprika
Muskat
150 g Gschwellti (gekochte Kartoffeln)

- Mehl, Hefe und Salz vermischen, Eier, Milch, Pfeffer, Paprika und Muskat verquirlen und beifügen
- Kartoffeln schälen und an der Röstiraffel dazureiben, alles zu einem weichen Teig verarbeiten und 30 Minuten aufgehen lassen
- Teig in das gefettete Muffinsblech füllen, nochmals kurz aufgehen lassen
- In der Mitte des vorheizten Ofens bei 180 Grad 15 bis 20 Minuten backen
- Kann als Apérogebäck oder – wird die doppelte Menge zubereitet – als kleines Abendessen mit einem Salat oder Früchtekompott serviert werden

Variante
Dem Teig 75 g geriebenen Käse oder 100 g gebratene Speckwürfel beimischen. Teig 2 cm dick auswallen, runde Plätzchen ausstechen und im heissen Fett schwimmend ausbacken.

Elsbeth Gyger, Gampelen

Gnocchi mit Nusspanade

- Kartoffeln schälen, in Würfel schneiden und in genügend Wasser weichkochen, abschütten und noch heiss durch ein Passevite treiben
- Verklopftes Eigelb unterrühren und soviel Mehl beifügen, bis ein geschmeidiger Teig entsteht
- Mit wenig Salz, Pfeffer und Muskat würzen und gegebenenfalls etwas flüssige Butter untermengen
- Teig auf einer bemehlten Arbeitsfläche zu 2 cm dicken Rollen formen, in 3 cm lange Stücke schneiden und mit der Gabel ein Muster eindrücken
- In kochendes Salzwasser geben, ziehen lassen und abschöpfen, sobald die Gnocchi an die Oberfläche steigen
- Gnocchi in eine gefettete Gratinform füllen und mit flüssiger Butter bestreichen
- Für die Nusspanade Nüsse, Paniermehl, Wasser und Rahm gut vermengen, Knoblauch dazupressen, mit Salz und Pfeffer abschmecken und über die Gnocchi verteilen
- Im vorgeheizten Ofen bei 210 Grad 10 Minuten überbacken
- Mit einem Salat serviert ergibt das ein feines Abendessen!

Varianten
- Für grüne Gnocchi 3 Esslöffel gehackten Spinat zum Kartoffelteig mischen
- Die Gnocchi schmecken auch mit einer Tomatensauce oder nur mit geriebenem Käse überbacken sehr gut

Anna Fankhauser, Utzigen

Zutaten
500 g Kartoffeln
2–3 Eigelb
etwa 100 g Mehl
Salz
Pfeffer
Muskat
Butter

Nusspanade
50 g gehackte Baumnüsse
2 El Paniermehl
2 El Wasser
½ dl Rahm
1 Knoblauchzehe
Salz
Pfeffer

Nudeln mit Gorgonzola und Gemüse

Zutaten
400 g Vollkornteigwaren
3 Tomaten
400 g grüne Bohnen
1 Zwiebel
1 Knoblauchzehe
1 Büschel Petersilie
2 El Rapsöl
1 dl Rahm oder Halbrahm
Salz
Pfeffer
100 g Gorgonzola
Basilikum

- Teigwaren in genügend Salzwasser bissfest kochen, abtropfen lassen
- Tomaten kurz ins heisse Wasser tauchen, kalt abschrecken und Haut abziehen, Kerne entfernen und in Würfel schneiden
- Bohnen knapp weichkochen, in 2 cm lange Stücke schneiden
- Zwiebel, Knoblauch und Petersilie fein hacken und im heissen Öl andünsten, mit Rahm ablöschen und mit Salz und Pfeffer würzen
- Teigwaren und Bohnen beifügen, vermischen und kurz erhitzen, Tomaten sorgfältig unterheben
- Gorgonzola in Würfel schneiden, kurz vor dem Servieren auf dem Gericht verteilen und zugedeckt bei kleiner Hitze 1 bis 2 Minuten schmelzen lassen
- Mit fein geschnittenem Basilikum bestreut servieren

Varianten
- Je nach Saison Erbsen oder Kefen statt Bohnen verwenden
- Der Gorgonzola lässt sich auch durch Mozzarella oder Greyerzerkäse ersetzen

Elsbeth Gyger, Gampelen

Penne Roberto

- Fleisch im heissen Öl kurz anbraten, mit Salz und Pfeffer würzen, mit Wein ablöschen und die Flüssigkeit auf ein Drittel einkochen, beiseite stellen
- Peperoni, Rüebli und Sellerie in Würfel schneiden, Zwiebeln und Knoblauch fein hacken und alles zusammen in der heissen Butter 10 Minuten dämpfen
- Tomaten in Würfel schneiden und mit dem Lorbeerblatt, Basilikum und Fenchelsamen beifügen, mit Salz und wenig Cayennepfeffer würzen, kurz aufkochen
- Fleisch untermischen, Bouillon dazugeben und zugedeckt 1 Stunde köcheln lassen
- Penne in genügend Salzwasser bissfest kochen, gut abtropfen lassen und mit der Sauce und geriebenem Käse servieren

Annelies Lüthi, Madiswil

Zutaten

400 g gemischtes Hackfleisch
2 El Olivenöl
Salz
Pfeffer
3 dl Rotwein
2 grüne Peperoni
1 Rüebli
1 kleine Sellerieknolle
2 Zwiebeln
3 Knoblauchzehen
2 El Butter
1½ kg geschälte Tomaten
1 Lorbeerblatt
1 Kl gehacktes Basilikum
¼ Kl Fenchelsamen
1 Kl Salz
wenig Cayennepfeffer
2 dl Fleischbouillon

400 g Penne (Teigwaren)

Spargelrisotto

Zutaten

400 g grüne Spargeln
½ rote Peperoni nach Belieben
½ Zwiebel
1 El Öl
250 g Risotto- oder Langkornreis
5–6 dl Wasser
1 Kl Salz
½ Bouillonwürfel
2–3 El geriebener Käse nach Belieben
3–4 El Rahm

- Spargeln rüsten, Spitzen abschneiden und beiseite legen, übrige Spargeln in kleine Stücke schneiden
- Peperoni in kleine Würfel schneiden und Zwiebel fein hacken
- Spargelstücke, Peperoni und Zwiebel im heissen Öl andünsten, Reis beifügen und mitdünsten
- Mit dem Wasser ablöschen, Salz und Bouillonwürfel dazugeben und langsam 20 bis 25 Minuten weichköcheln lassen
- Etwa 5 Minuten vor Ende der Garzeit die beiseite gelegten Spargelspitzen beifügen und mitköcheln
- Nach Belieben vor dem Servieren den geriebenen Käse und den Rahm unterziehen

Rita Gfeller, Herbligen

Lauchrisotto

Zutaten

500 g Lauch
1 Knoblauchzehe
25 g Butter
250 g Risottoreis
1½ dl Weisswein
7 dl Bouillon
2 El Rahm
25 g Butter
50 g geriebener Sbrinz
Salz
Pfeffer

- Lauch in 5 mm breite Ringe schneiden, Knoblauch fein hacken und in der heissen Butter andünsten
- Reis dazugeben und kurz mitdünsten, mit dem Wein ablöschen und unter Rühren vollständig einkochen lassen
- Nach und nach heisse Bouillon beifügen und den Reis körnig garen, immer wieder umrühren
- Vor dem Servieren Rahm, Butter und Käse unterziehen und mit Salz und Pfeffer abschmecken
- Dazu passt am besten eine Saucisson

Marie Zaugg-Bürgi, Wyssachen

Kartoffeln, Teigwaren und Getreide

Palänte vom Hasli

- Milch mit dem Salz aufkochen, Griess unter Rühren einlaufen lassen und bei kleiner Hitze etwa 25 Minuten köcheln lassen, öfter umrühren und allenfalls etwas Milch nachgiessen
- Griessbrei auf ein Holzbrett streichen und erkalten lassen
- In kleine Würfel schneiden und in etwas Butter goldbraun braten
- Mit Zucker bestreuen und mit einem Stück alten Bergkäse servieren, so wird die Palänte im Hasli gegessen

Natürlich schmeckt die Paländte auch – als übliche Polenta, nicht angebraten und ungezuckert – als Beilage zu Kaninchen, Lamm- oder Schweinsvoressen

Die Säumer transportierten früher über den Grimsel- und den Griespass Hartkäse und Kristalle nach Italien und brachten auf ihrem Rückweg Mais, Reis, Salz und Wein mit. So lernte man im Haslital schon vor vielen Jahren Paläne und Reis zuzubereiten.

Margreth Brügger-Otth, Meiringen

Zutaten
1 l Milch
1 Kl Salz
250 g Maisgriess

Butter
Zucker
Bergkäse

Semolino

Zutaten
1 l Milch
1 Kl Salz
Muskat
200 g Griess
100–150 g Schinken
1 Eigelb
100 g geriebener Käse
Butter

- Milch, Salz und Muskat aufkochen, Griess unter Rühren langsam einlaufen lassen und leicht zugedeckt 10 Minuten köcheln lassen.
- Schinken in kleine Würfel schneiden und untermischen
- Griessbrei etwa 1½ cm dick auf einem kalt ausgespülten Backblech ausstreichen, mit dem verklopftem Eigelb bestreichen und mit dem Käse bestreuen, gut auskühlen lassen
- In Quadrate schneiden und ziegelartig in eine feuerfeste Form schichten, mit einigen Butterflocken belegen
- In der Mitte des vorgeheizten Ofens bei 220 Grad 25 Minuten goldgelb überbacken
- Mit Salat serviert «isch's es Herreässe»!

Annemarie Fählimann, Utzigen

Maispizza

Zutaten
200 g grober Maisgriess
8 dl Wasser
1 Kl Salz

Belag
2 El Tomatenpüree
3 Tomaten
Salz, Pfeffer
4 Scheiben Modelschinken, Salami oder Fleischreste
1 El Speckwürfel
150 g Mozzarella oder
4 El geriebener Alp- oder
2 Scheiben Raclettekäse
italienische Krautermischung

- Griess im Salzwasser aufkochen und 40 bis 60 Minuten unter gelegentlichem Rühren köcheln lassen, gleichmässig auf einem kalt abgespülten Blech ausstreichen, auskühlen lassen
- Polenta mit dem Tomatenpüree bestreichen, Tomaten in Scheiben schneiden und darauf verteilen, mit etwas Salz und Pfeffer würzen
- Schinken in Streifen schneiden und mit den Speckwürfeln über die Tomaten streuen, Mozzarella in Scheiben schneiden und obenauf legen, mit Salz, Pfeffer und mit Kräutern würzen
- Auf der untersten Rille des vorgeheizten Ofens bei 220 Grad etwa 20 Minuten backen

Rezeptsammlung Inforama, Fachbereich Hauswirtschaft

Kartoffeln, Teigwaren und Getreide

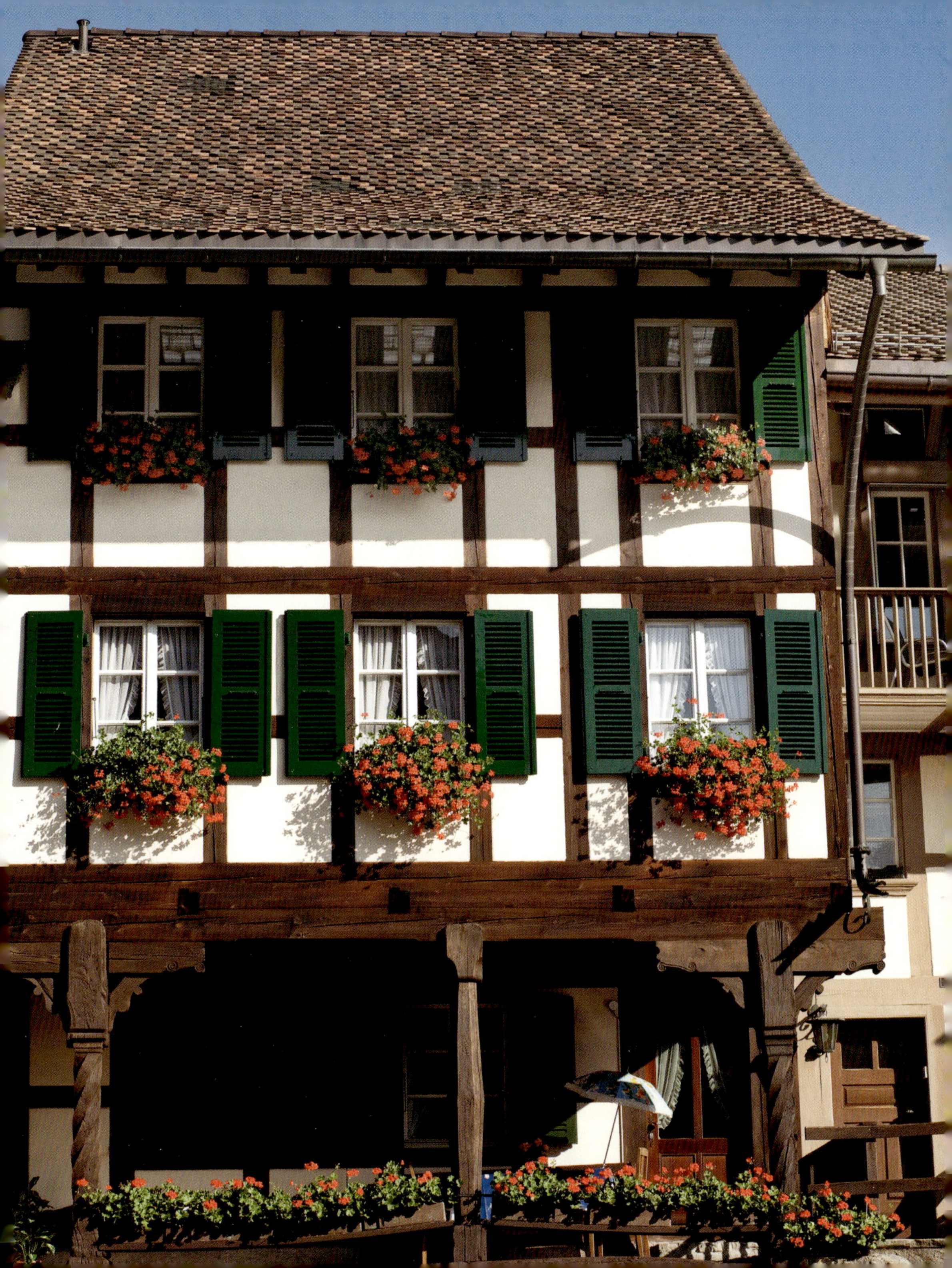

Annas Toufi-Braten

Zutaten

1–1¼ kg Schweinebraten
(Nuss, Eckstück, Unterspälte)
4–6 El Senf
3–4 dl Rahm

Streuwürze
Pfeffer
Rosmarin
Knoblauchpulver
nach Belieben
Bratbutter
2 Kl Salz
2 dl Weisswein oder Wasser

2–4 El Stärkemehl

- Fleisch dick mit Senf bestreichen, in eine Schüssel geben und mit dem Rahm übergiessen, zugedeckt 3 bis 4 Tage im Kühlschrank marinieren lassen, einmal wenden
- Marinade vom Bratenstück abstreifen, abgiessen und beiseite stellen
- Fleisch mit Streuwürze, Pfeffer, Rosmarin und nach Belieben Knoblauchpulver würzen und in der heissen Butter rundum anbraten, in einen Römertopf geben und salzen
- Im vorgeheizten Ofen bei 180 Grad zugedeckt 30 Minuten garen, mit Wein übergiessen und 1 bis 1¼ Stunden weiterschmoren lassen
- Bratensaft absieben, beiseite gestellte Marinade und Stärkemehl dazurühren und aufkochen, mit Salz und Pfeffer abschmecken
- Braten in Tranchen schneiden, auf einer Platte anrichten und mit der Sauce übergiessen
- Dazu passt sehr gut Trockenreis oder Kartoffelstock

Diesen bei meiner Familie sehr beliebten Braten habe ich erstmals in den neunziger Jahren für das Taufessen der kleinen Anna im Obersteckholz zubereitet. Das Rezept habe ich damals von deren Mutter bekommen.

Annemarie Hofer, Hellsau

Dernäbe-Brate

- Fleisch mit Fleischgewürz und Paprika einreiben, im Mehl wenden und im heissen Öl rundum anbraten, Fleisch in eine Auflaufform geben
- Speckwürfel im Bratfett glasig braten, Rüebli an der Bircherraffel reiben und Lauch in feine Streifen schneiden, beifügen und kurz mitdünsten
- Mit Paprika würzen, mit dem Wein ablöschen und leicht einköcheln lassen
- Bratensaucenpulver beifügen, Käse in kleine Würfel schneiden und ebenfalls dazugeben
- Alles über den Braten verteilen und im vorgeheizten Ofen bei 180 Grad 1 Stunde schmoren lassen, hin und wieder mit Sauce übergiessen
- Rahm beifügen und etwa 30 Minuten fertig schmoren lassen

Eigentlich wollte ich einen gefüllten Braten zubereiten. Weil es aber wieder einmal schnell gehen musste, habe ich die Zutaten nur vorbereitet und so beigefügt. Seither heisst der Braten bei uns einfach «Dernäbe-Brate». Meine Familie findet, dass er auf diese Weise sogar noch besser und saftiger wird.

Käthi Mühle, Wyssachen

Zutaten

1 kg Schweinebraten
Fleischgewürz
Paprika
Mehl
Öl
100 g Speckwürfel
1–2 Rüebli
1 Stange Lauch
2 dl Weisswein
50 g Greyerzerkäse
1 El Bratensaucenpulver
2 dl Rahm

Glasiertes Festtagsschinkli

Zutaten
1 fast fertig gekochtes Nussschinkli (500–1000 g)

Marinade
3 El Rohzucker
2 El Bienenhonig
3 El Zitronensaft
2 El Aprikosenkonfitüre
1 Kl Currypulver
nach Belieben
2–3 El Cognac, Whisky oder Grand Manier

- Für die Marinade Zucker, Bienenhonig, Zitronensaft, passierte Aprikosenkonfitüre, Curry und Cognac gut verrühren
- Schinkli rundum mit der Marinade bestreichen und in eine Auflaufform legen
- Im vorgeheizten Ofen bei 180 Grad etwa 30 Minuten braten, dabei alle 10 Minuten mit dem ausgetretenen Bratensaft beträufeln, so bleibt das Schinkli schön saftig
- Mit dem süsslich-säuerlichen Geschmack passt das Festtagsschinkli hervorragend zu Kartoffelgratin und Salat

Barbara Heiniger, Wyssachen

Schweinefilet an Apfelsauce

Zutaten
1 Schweinefilet (600 g)
Bratfett
Salz, Pfeffer

Sauce
1 Zwiebel
1 dl Weisswein
Pfeffer aus der Mühle
1 dl Wasser
3 dl Saucenrahm
2 El Bratensaucenpulver
2 El Hühnerbouillonpulver
1 Pr Paprika
100 g Äpfel
50 g grob gehackte Baumnüsse
4 El saurer Most

- Fleisch im heissen Fett rundum 5 Minuten gut anbraten, mit Salz und Pfeffer würzen und im vorgeheizten Ofen bei 80 Grad mindestens 1½ Stunden fertig garen
- Für die Sauce Zwiebel fein hacken, mit dem Wein und etwas Pfeffer erhitzen und die Flüssigkeit vollständig einkochen lassen
- Mit Wasser ablöschen, Rahm, Bratensaucenpulver, Bouillonpulver und Paprika beifügen und 5 Minuten kochen
- Vor dem Servieren Äpfel schälen, Kerngehäuse entfernen und in kleine Würfel schneiden, mit den Baumnüssen und dem Most zur Sauce geben
- In Tranchen geschnittenes Filet auf einem Saucenspiegel anrichten

Martin Gerber, Riggisberg

Medaillons an Bärlauchsauce

- Filet in etwa 2 cm dicke Medaillons schneiden und im heissen Fett beidseitig 1 Minute kräftig anbraten, mit Salz und Pfeffer würzen und auf eine vorgewärmte Platte geben
- Im vorgeheizten Ofen bei 80 Grad etwa 45 Minuten fertig garen
- Für die Sauce Schalotte fein hacken und in der heissen Butter andünsten, mit dem Whisky ablöschen und zur Hälfte einkochen lassen, Rahm beifügen und aufkochen
- Bärlauchblätter fein hacken und mit dem Senf beifügen, mit Salz und Pfeffer abschmecken
- Medaillons mit der Sauce anrichten

Martin Gerber, Riggisberg

Zutaten
1 Schweinefilet (500–600 g)
Bratfett
Salz
Pfeffer

Sauce
1 Schalotte
1 El Butter
1 dl Whisky
2 dl Saucenrahm
15 Bärlauchblätter
1 El grobkörniger Senf
1 Kl Salz
Pfeffer aus der Mühle

Koteletts im Stil des alten Hauses

- Koteletts mit Senf bestreichen, mit Zitronensaft beträufeln und mit Streuwürze, Rosmarin und Salbei würzen, in heisser Butter beidseitig gut anbraten und warmstellen
- Zwiebel und Knoblauch fein hacken und in wenig Butter andünsten, mit dem Wein ablöschen, etwas Cognac beifügen und leicht einkochen lassen
- Koteletts anrichten, mit der Sauce übergiessen und mit frischem Brot servieren

Christine Bühler, Tavannes

Zutaten
4 Schweinekoteletts
Senf
Zitronensaft
Streuwürze
Rosmarin
Salbei
Butter
1 Zwiebel
2 Knoblauchzehen
2 dl Rotwein
etwas Cognac

Koteletts Gourmet

Zutaten

4 Schweinekoteletts
(je 150–200 g)
2 Kl Senf
1 Kl Salz
Pfeffer aus der Mühle
½ Kl Currypulver
1 Knoblauchzehe
2 El Öl

1 grosse Zwiebel
4 Tranchen Schinken
1 dl Rotwein
Salz
Pfeffer
Streuwürze

1 dl Rahm
Petersilie

- Senf mit dem Salz, Pfeffer, Curry und dem gepressten Knoblauch verrühren, die Koteletts damit bestreichen und mindestens 30 Minuten marinieren
- Im heissen Öl beidseitig anbraten und in eine Gratinform legen
- Zwiebel fein hacken und im Bratfett andünsten, Schinken in kleine Würfel schneiden und kurz mitdünsten, mit Rotwein ablöschen, einkochen lassen und mit Salz, Pfeffer und Streuwürze abschmecken
- Masse auf den Koteletts verteilen, Rahm darüberträufeln und mit Alufolie bedecken
- Im vorgeheizten Ofen bei 250 Grad 15 Minuten garen
- Mit etwas gehackter Petersilie bestreut servieren

Christine Gerber, Oberruntigen

Schweinesteaks im Teig

- Steaks im heissen Öl beidseitg kurz anbraten, aus der Pfanne nehmen und mit wenig Salz, Pfeffer und Paprika würzen, leicht auskühlen lassen
- Für die Füllung Speck in Streifen und Champignons in Scheiben schneiden, Zwiebel fein hacken, Apfel schälen, Kerngehäuse entfernen und in kleine Würfel schneiden
- Speckstreifen leicht anbraten, Apfel, Champignons und Zwiebel beifügen und kurz mitdünsten, mit der Bouillon ablöschen und Flüssigkeit vollständig einkochen lassen
- Blätterteigböden halbieren, Rand mit verquirltem Eiweiss bestreichen
- Schinkenscheiben halbieren, die Teigquadrate damit belegen und die Steaks daraufsetzen
- Gorgonzola in kleine Würfel schneiden und unter die Füllung mischen
- Füllung auf den Steaks verteilen, Teigränder übereinander schlagen und die Steaks gut in den Teig einpacken
- Auf ein mit Backtrennpapier belegtes Blech geben und mit dem verklopften Eigelb bestreichen, mehrmals mit einer Gabel einstechen
- Im vorgeheizten Ofen bei 220 Grad 30 bis 35 Minuten goldbraun backen
- Mit einem Salat servieren

Rita Gfeller, Herbligen

Zutaten

4 Schweinesteaks
(je etwa 120 g)
1 El Öl
Salz
Pfeffer
Paprika

Füllung

2 Tranchen Bratspeck
50 g Champignons
½ Zwiebel
1 Apfel
1 dl Bouillon
80 g Gorgonzola
oder Mozzarella

2 P rechteckig ausgewallter Blätterteig
2 Scheiben Modelschinken
1 Ei

Schweineragout mit Speck

Zutaten
1 Dose Champignons (230 g)
600 g Schweineragout
Specktranchen nach Bedarf
4 Knoblauchzehen
2 El Bratensaucenpulver
1,8 dl Halbrahm

- Champignons in einer gebutterten Auflaufform verteilen
- Ragoutstücke mit halbierten Specktranchen umwickeln und auf die Champignons setzen
- Knoblauch fein hacken, über die Ragoutstücke geben, Bratensaucenpulver darüberstreuen
- Im vorgeheizten Ofen bei 220 Grad 30 Minuten garen lassen
- Rahm leicht schlagen, über den Ragoutstücken verteilen und weitere 30 Minuten garen lassen

Margrit Zaugg, Wyssachen

Gadmer Chorianderfläisch

Zutaten
500 g Schweinefleisch (Hals)
½ El Öl oder Bratbutter
1 säuerlicher Apfel
1 Zwiebel
½ Kl Mehl
3 dl Wasser
½ Kl Koriander
1 Lorbeerblatt
2 Nelken
Salz
Pfeffer
½ dl Rahm

- Fleisch in mundgerechte Stücke schneiden und im heissen Öl anbraten
- Apfel schälen, Kerngehäuse entfernen und in grobe Würfel schneiden, Zwiebel ebenfalls in grobe Stücke schneiden, beides beifügen und kurz mitdünsten
- Mit Mehl bestäuben, mit Wasser ablöschen, Koriander, Lorbeerblatt und Nelken dazugeben, mit Salz und Pfeffer würzen und 20 Minuten zugedeckt schmoren lassen
- Lorbeerblatt und Nelken entfernen, Rahm beifügen und nochmals 10 Minuten schmoren lassen

Tipp
Wer Koriander nicht mag, kann ihn in einem Tee-Ei zum Fleisch geben, so mitkochen und vor dem Servieren wieder entfernen

Magdalena von Weissenfluh, Hasliberg-Reuti

Fleisch

Gschnätzlets uf Toast

- Fleisch portionsweise in der heissen Butter anbraten
- Zwiebel und Knoblauch fein hacken, mit den Speckwürfeln kurz im Bratfett anbraten und zum Fleisch geben
- Champignons in Scheiben schneiden und mit dem Lorbeerblatt und den Nelken beifügen, mit Salz, Pfeffer und Paprika würzen
- Mit Mehl bestäuben, kurz mitdünsten und mit dem Wein und Wasser ablöschen, Bratensaucenpulver dazurühren und etwa 1 Stunde köcheln lassen
- Früchte und Rahm dazumischen
- Getoastetes Brot auf vorgewärmten Tellern verteilen, das Geschnetzelte daraufgeben und mit wenig geschlagenem Rahm und etwas Petersilie garnieren
- Dazu einen Saisonsalat servieren

Dieses Gericht habe ich in meinem Haushaltlehrjahr kennengelernt. Es lässt sich wunderbar vorbereiten und es bleibt genügend Zeit für die Gäste. Das Geschnetzelte kann auch zu Reis oder Teigwaren serviert werden.

Rosmarie Ruchti, Niedermuhlern

Zutaten

1 kg geschnetzeltes Schweine- oder Pouletfleisch
1 El Bratbutter
1 Zwiebel
2 Knoblauchzehen
200 g Speckwürfel
250 g Champignons
1 Lorbeerblatt
1–2 Nelken
Salz
Pfeffer
Paprika
3 El Mehl
1 dl Weisswein
3 dl Wasser
1 Kl Bratensaucenpulver
1 grosse Dose gemischte Früchte
1 dl Rahm
8–12 Scheiben Toastbrot

Rahm
Petersilie

Wiehnachtsmocke us em Römertopf

Zutaten für 8 Personen

2 kg Rindsbraten (Schulter)

Beize

1 Sellerieknolle
1 Stange Lauch
2 Rüebli
2 Zwiebeln
40 Pfefferkörner
6 Gewürznelken
3 Lorbeerblätter
Rotwein
Essig
Wasser

200 g Speck in Tranchen
3 El Mehl
1–2 dl Rotwein
3 Kl Bratensaucenpulver
Salz
Pfeffer

300 g Rüebli
100 g Champignons
Butter

- Für die Beize Sellerie, Lauch, Rüebli und Zwiebeln in grobe Stücke schneiden, mit den Pfefferkörnern, Gewürznelken und Lorbeerblättern in eine Schüssel geben
- Fleisch dazugeben, mit je einem Drittel Wein, Essig und Wasser aufgiessen, das Fleisch sollte vollständig mit Flüssigkeit bedeckt sein, 4 bis 6 Tage kühlstellen, ab und zu wenden
- Fleisch aus der Beize nehmen, das Gemüse ebenfalls und die Beize beiseite stellen
- Fleisch mit etwas Haushaltpapier trockentupfen und in den Römertopf geben, kreuzweise mit den Specktranchen bedecken
- Zugedeckt in den kalten Ofen geben und bei 200 Grad etwa 2¾ Stunden schmoren lassen, Deckel entfernen und 15 Minuten fertig braten, so wird der Speck schön knusprig
- Bratensaft abgiessen, beiseite stellen und den Braten warmhalten
- Mehl sehr dunkel rösten, mit dem Bratensaft ablöschen, 1 bis 2 dl Beize, Wein und etwas Bratensaucenpulver beifügen und kurz aufkochen, mit Salz und Pfeffer abschmecken
- Rüebli und Champignons in Scheiben schneiden, in etwas Butter andünsten und mit Salz und Pfeffer würzen
- Braten in Scheiben schneiden, auf einer Platte anrichten, mit der Sauce übergiessen und mit den Champignons und Rüebli garnieren
- Dazu passen Teigwaren, Reis oder Kartoffelstock

Elisabeth Frutig, Mühlethurnen

Jacob Rothenbühler zu Lüften 1783

Sure Mocke us em Römertopf

Zutaten
1½ kg Rindsbraten

Beize
1 Rüebli
¼ Stange Sellerie
¼ Stange Lauch
7 dl Rotwein
1 dl roter Balsamicoessig
1 besteckte Zwiebel
1 Knoblauchzehe
6 Wacholderbeeren
6 schwarze Pfefferkörner
Rosmarin
Thymian
Arvennadeln

Salz
Pfeffer
Fleischgewürz

2 dl Rotwein
1–2 El Bratensaucenpulver
2 El Rahm

- Für die Beize Rüebli, Sellerie und Lauch in Stücke schneiden, mit dem Wein, Essig, der bestecken Zwiebel, dem Knoblauch, den Wacholderbeeren, Pfefferkörnern, Rosmarin, Thymian und den Arvennadeln in eine Schüssel geben, Fleisch in die Beize legen und 4 bis 5 Tage im Kühlschrank ziehen lassen, täglich wenden
- Fleisch herausnehmen, mit Haushaltpapier trockentupfen und kräftig mit Salz, Pfeffer und Fleischgewürz würzen, in den Römertopf geben
- Im vorgeheizten Ofen bei 220 Grad 1½ bis 2 Stunden zugedeckt schmoren lassen, die Kerntemperatur des Fleisches sollte 80 Grad (Fleischthermometer) betragen
- Gemüse aus der Beize nehmen und kurz andünsten, mit dem Wein ablöschen und zur Hälfte einkochen lassen
- Beize beifügen, Bratensaucenpulver unterrühren und nochmals etwas köcheln lassen
- Mit Salz und Pfeffer abschmecken und mit wenig Rahm verfeinern
- Braten aus dem Römertopf nehmen, 3 bis 5 Minuten zugedeckt ziehen lassen, in Tranchen schneiden und auf einer Platte anrichten, mit der Sauce übergiessen
- Dazu schmecken Kartoffelstock und Gemüse oder Teigwaren und Salat

Annette Knipper, Boll

Rindsfiletstreifen unter der Haube

- Morcheln etwa 30 Minuten in lauwarmem Wasser einweichen
- Fleisch in daumendicke Streifen schneiden, mit Salz und Pfeffer würzen und portionsweise in etwas heisser Butter kurz und kräftig anbraten, warmstellen
- Bratfett mit dem Cognac auflösen, absieben und beiseite stellen
- Schalotten und Knoblauch fein hacken und in der heissen Butter andünsten
- Morcheln abschütten, ½ dl Einweichflüssigkeit auffangen und beiseite stellen
- Pilze zu den Schalotten geben und 2 bis 3 Minuten mitdünsten, mit dem Wein, der Einweichflüssigkeit und der Bouillon ablöschen, etwas einkochen lassen
- Rahm beifügen und nach Belieben abschmecken, Fleisch dazugeben und alles in eine Terrinenform füllen
- Blätterteig etwas grösser als die Form auswallen, als Deckel darauflegen, den Rand rundum gut andrücken und mit verklopftem Ei bestreichen
- Auf der untersten Rille des auf 200 Grad vorgeheizten Ofens 25 Minuten backen

Erika Furrer-Rickli, Leuzigen

**Zutaten
für 8 Personen**
40 g getrocknete Morcheln

1 kg Rindsfilet
oder Rindshuft
oder Rindsplätzli à la minute
Salz
Pfeffer
Butter

½ dl Cognac
4 Schalotten
1 Knoblauchzehe
20 g Butter
1 dl Weisswein
2 dl Kalbs-
oder Fleischbouillon
3 dl Rahm

1 P Blätterteig
1 Ei

Rindsplätzli Spezzatini

Zutaten
4 Rindsplätzli
(je etwa 160 g)
4 Tranchen Speck
4 kleine Zweige Rosmarin
Salz
Pfeffer
1 El Öl

1 Zwiebel
1 El Butter
50 g Brotwürfel
1 Tomate
Streuwürze
Basilikum

- Plätzli mit je einer Specktranche und einem Rosmarinzweig belegen und mit Zahnstochern feststecken
- Mit Salz und Pfeffer würzen und im heissen Öl beidseitig anbraten, herausnehmen und warmstellen
- Zwiebel in Streifen schneiden und in der heissen Butter glasig dünsten, Brotwürfel beifügen und mitbraten, Tomate in kleine Würfel schneiden und ebenfalls mitdünsten
- Mit Salz und Streuwürze abschmecken, Basilikum fein hacken und beifügen
- Masse auf den Rindsplätzli verteilen und servieren

Elsbeth Zobrist, Gampelen

Rindsragout à la Moutarde

Zutaten
600 g Rindfleisch
2 El Öl
Salz
Pfeffer
1 Zwiebel
2 El Senf
2 El Tomatenpüree
1 Pr Thymianpulver
1 dl Rotwein
2 dl Bouillon
1 dl Rahm

- Rindfleisch in grobe Würfel schneiden und im heissen Öl anbraten, mit Salz und Pfeffer würzen
- Zwiebel fein hacken und mitdünsten
- Senf, Tomatenpüree und Thymianpulver gut vermischen und unterrühren, den Wein beifügen und etwas einkochen lassen
- Bouillon dazugiessen und zugedeckt 1 bis 1½ Stunden fertig schmoren
- Vor dem Servieren den Rahm beifügen, nochmals kurz erhitzen, aber nicht mehr kochen und gegebenenfalls etwas nachwürzen
- Dazu passt ein feiner Kartoffelstock

Annemarie Fählimann, Utzigen

Fleisch

Daube bourginionne

- Ragout mit den Speckwürfeln in etwas Öl gut anbraten
- Champignons, Rüebli und Sellerie in kleine Würfel und Lauch in Streifen schneiden, Knoblauch fein hacken und alles mitdünsten
- Mit dem Wein ablöschen und 2 Stunden schmoren lassen
- Silberzwiebeln beifügen, Mehl in wenig Wasser auflösen, in die Sauce rühren und kurz aufkochen, mit Salz und Pfeffer abschmecken

Christine Bühler, Tavannes

Zutaten

600 g Rindsragout
100 g Speckwürfel
Öl
100 g Champignons
1 Rüebli
½ Sellerieknolle
1 Stange Lauch
1 Knoblauchzehe
4 dl Rotwein
50 g Silberzwiebeln
1 El Mehl
Salz
Pfeffer

Siedfleischgratin

- Zwiebeln in Ringe schneiden und im heissen Öl glasig dünsten, herausnehmen und beiseite stellen
- Wein in die Pfanne giessen und einkochen lassen, Rahm beifügen und mit Salz und Pfeffer würzen, Salbeiblätter in feine Streifen schneiden und dazugeben
- Tomaten und Siedfleisch in Scheiben schneiden und ziegelartig mit den Zwiebeln in eine gebutterte Auflaufform schichten, mit dem geriebenen Käse bestreuen und mit der Sauce übergiessen
- In der unteren Hälfte des vorgeheizten Backofens bei 200 Grad 20 bis 30 Minuten gratinieren

Rezeptsammlung Inforama, Fachbereich Hauswirtschaft

Zutaten

2 Zwiebeln
1 El Rapsöl
1½ dl Weisswein
2½ dl Rahm
Salz
Pfeffer
8 Salbeiblätter
4 Tomaten
600 g gekochtes Siedfleisch
80 g geriebener Käse

Kalbfleischvögel mit Aprikosen

Zutaten
120 g Dörraprikosen
3–4 El Vollrahm
12 Kalbsplätzli
(je etwa 50 g)
Salz
Pfeffer
12 Scheiben Rohschinken
Bratbutter

Sauce
1 El Butter
2–4 Salbeiblätter
1 dl Weisswein
1 dl Fleisch-
oder Gemüsebouillon
2 dl Vollrahm

- Dörraprikosen etwa 5 Minuten blanchieren, gut abtropfen lassen, fein hacken und mit dem Rahm vermengen
- Plätzli flachklopfen, mit Salz und Pfeffer würzen, mit je einer Scheibe Rohschinken belegen und mit der Aprikosenmasse bestreichen, aufrollen und mit Zahnstochern feststecken
- Fleischrollen in der heissen Bratbutter 10 bis 15 Minuten rundum anbraten, herausnehmen und im auf 80 Grad vorgeheizten Ofen warmhalten
- Für die Sauce Bratensatz mit der Butter auflösen, Salbei in Streifen schneiden und sanft anbraten
- Mit Wein und Bouillon ablöschen und zur Hälfte einkochen
- Rahm beifügen, kurz aufkochen und mit Salz und Pfeffer abschmecken
- Fleischvögel in die Sauce geben, 5 Minuten ziehen lassen und servieren

Tipp
Übrig gebliebene Fleischvögel in den Kühlschrank stellen und innerhalb von 2 bis 3 Tagen geniessen – in Scheiben geschnitten, mit Essig und Öl beträufelt und mit etwas gehobeltem Sbrinz verfeinert

Christine Schärer, Bäriswil

Gefüllte Kalbssteaks

- Für die Marinade Olivenöl, Wein und Pfeffer verrühren, Chilischote fein hacken und beifügen
- In die Steaks seitlich eine Tasche schneiden, rundum mit der Marinade bestreichen und etwa 1 Stunde ziehen lassen
- Marinade leicht abtupfen, Käse in Würfel schneiden und die Steaks damit füllen, mit Zahnstochern verschliessen und mit je zwei Schinkentranchen umwickeln
- Steaks im heissen Öl beidseitig 2 Minuten gut anbraten, auf eine vorgewärmte Platte geben und im vorgeheizten Ofen bei 80 Grad etwa 45 Minuten fertig garen

Martin Gerber, Riggisberg

Zutaten
4 Kalbssteaks
(je etwa 180 g)

Marinade
2 El Olivenöl
1 El Weisswein
Pfeffer
1 Chilischote

100 g Mutschli (Weichkäse aus dem Emmental)
8 Tranchen Rauchschinken
Öl

Pikantes Kalbfleisch im Römertopf

- Fleisch in Würfel schneiden und in den Römertopf geben
- Zwiebel und Knoblauch fein hacken und mit den Tomaten, dem Öl und den Gewürzen unter das Fleisch mischen
- Auf die unterste Rille des kalten Ofens schieben, auf 220 Grad erhitzen und 30 Minuten zugedeckt schmoren lassen
- Wein dazugiessen und weitere 30 Minuten zugedeckt schmoren lassen
- Rahm beifügen und nochmals 10 Minuten ohne Deckel garen

Rosmarie Zehnder, Madiswil

Zutaten
800 g Kalbfleisch
1 Zwiebel
2 Knoblauchzehen
1 Dose gehackte Tomaten
1 El Öl
1 El Fleischgewürz
1 Kl Paprika
1 Glas Weisswein
1–2 dl Rahm

Geschnetzeltes mit Sojasprossen

Zutaten

500 g Kalb- oder Schweinefleisch
je 1 rote, grüne und gelbe Peperoni
4 grosse Zwiebeln
Öl oder Bratbutter
1 Dose geschnittene Pilze
2 Gläser Sojasprossen (je etwa 240 g)

1 El Stärkemehl
2 El Crème fraîche
Sojasauce
Salz
Pfeffer
Paprika

- Fleisch in Streifen und Peperoni in Würfel schneiden, Zwiebeln fein hacken
- Fleisch in etwas heissem Öl anbraten, herausnehmen und warmstellen
- Nacheinander Peperoni, Zwiebeln, Pilze und Sojasprossen im Bratfett andünsten
- Gemüse und Fleisch wieder zurück in die Pfanne geben, mit gut 5 dl Wasser aufgiessen und 30 Minuten köcheln lassen
- Stärkemehl und Crème fraîche dazurühren, mit Sojasauce, Salz, Pfeffer und Paprika abschmecken und nochmals kurz erhitzen

Landfrauen Kreis Helmstedt

Geschnetzeltes Kalbfleisch

Zutaten

600 g geschnetzeltes Kalbfleisch
Salz
Pfeffer
3 El Bratbutter
300 g Champignons
2 El gehackte Zwiebeln
5 El Weisswein
2 El Zitronensaft
4 dl Bouillon
3 dl Rahm

Petersilie

- Fleisch mit Salz und Pfeffer würzen und portionsweise in der heissen Butter anbraten, warmstellen
- Champignons in Scheiben schneiden und im Bratfett anbraten, zum Fleisch geben
- Zwiebeln andünsten, mit dem Wein ablöschen, Zitronensaft und Bouillon beifügen und zur Hälfte einkochen
- Rahm dazugeben und sämig köcheln lassen
- Fleisch und Champignons beifügen und nochmals kurz erhitzen, aber nicht mehr kochen
- Mit etwas gehackter Petersilie bestreut servieren

Auf diese Weise zubereitet schmeckt das Geschnetzelte nur mit Kalbfleisch!

Mädi Künzli, Wasen im Emmental

Schwedenbraten

- Sellerie an der Röstiraffel reiben, Lauch in dünne Streifen schneiden, Zwiebel fein hacken und alles zusammen in der heissen Butter andünsten, mit dem Wein ablöschen, mit Salz und Pfeffer würzen und erkalten lassen
- Brot in etwas heisser Bouillon einweichen, ausdrücken und fein hacken, Dörrpflaumen entsteinen und in kleine Würfel schneiden
- Brät mit dem Gemüse, Brot, Pflaumen, Petersilie und Cognac verkneten, Masse in eine mit Backtrennpapier ausgelegte Cakeform füllen und glattstreichen
- Im vorgeheizten Ofen bei 200 Grad 50 Minuten backen
- In der Form erkalten lassen, auf eine Platte stürzen, in Tranchen schneiden und nach Belieben mit Aprikosen, Birnen, Kirschen, Mandarinen, Spargeln und hart gekochten Eiern garnieren

Hanna Bürki, Herbligen

Zutaten

¼ Sellerieknolle
¼ Stange Lauch
1 kleine Zwiebel
1 El Butter
2 El Weisswein
Salz
Pfeffer

1 Scheibe altbackenes Brot
Bouillon
3 Dörrpflaumen

600 g Kalbsbratwurstbrät
1 El gehackte Petersilie
1 El Cognac

Hackfleischgratin mit Krautstielen

Zutaten

600 g Krautstiele
ohne Blätter
½ Kl Salz

400 g Hackfleisch
1 El Öl
Kräuter nach Belieben
(z.B. Petersilie, Rosmarin,
Oregano)
1 El Mehl
3 dl Wasser
1 Kl Salz oder Bouillonpulver
wenig Pfeffer
Paprika

Käsesauce

30 g Butter
2 El Mehl
4 dl Milch oder Wasser
1 Kl Salz oder Bouillon
wenig Muskat
3 El geriebener Sbrinz

2–3 El geriebener Sbrinz

- Krautstiele in 5 cm grosse Stücke schneiden und in genügend Salzwasser bissfest garen, gut abtropfen lassen und beiseite stellen
- Hackfleisch im heissen Öl kräftig anbraten, Kräuter fein hacken und beifügen, Hitze reduzieren
- Mehl unterrühren, mit dem Wasser ablöschen und aufkochen, mit Salz, Pfeffer und Paprika abschmecken und 15 bis 20 Minuten köcheln lassen
- Für die Käsesauce Butter erhitzen, Mehl dazurühren und kurz anschwitzen, mit der Milch ablöschen und unter Rühren aufkochen, 10 bis 20 Minuten köcheln lassen
- Sauce mit Salz und Muskat abschmecken und den Käse untermischen
- Lagenweise Krautstiele und Hackfleisch in eine gebutterte Gratinform füllen, mit Krautstielen abschliessen, mit der Käsesauce übergiessen und mit dem Käse bestreuen
- Im vorgeheizten Ofen bei 220 Grad etwa 20 Minuten gratinieren

Heidi Stalder, Grünenmatt

Fleisch-Gemüsestrudel

- Mehl und Salz vermischen, Ei, Öl und Wasser verquirlen, zum Mehl rühren und alles zu einem glatten, elastischen Teig kneten, mindestens 30 Minuten zugedeckt ruhen lassen
- Für die Füllung Speckwürfel glasig braten, das Hackfleisch dazugeben und mitbraten
- Zwiebeln mit dem Grün fein hacken, Zucchetti und Peperoni in kleine Würfel schneiden und ebenfalls mitdünsten
- Verklopfte Eier mit dem Quark verrühren, unter die Fleischmasse mischen, mit Salz, Pfeffer und Fleischgewürz abschmecken und den Käse unterziehen, abkühlen lassen
- Teig auf wenig Mehl rechteckig dünn auswallen, auf ein Küchentuch legen, Teig vorsichtig möglichst gross ausziehen und mit Öl bestreichen
- Füllung gleichmässig auf dem Teig verteilen, dabei einen Rand von etwa 2 cm belassen, Rand über die Füllung legen und den Teig von der Längsseite her mit Hilfe des Küchentuchs aufrollen
- Mit der Naht nach unten auf ein mit Backtrennpapier belegtes Blech legen und mit Öl bestreichen
- Im vorgeheizten Ofen bei 200 Grad 35 bis 45 Minuten backen, zwei- bis dreimal mit dem restlichen Öl bestreichen
- Heiss oder lauwarm servieren

Tipp
Doppelte Teigmenge zubereiten und eine Portion einfrieren

Rosmarie Stauffer, Gampelen

Zutaten
für 3 bis 4 Personen

200 g Halbweissmehl
½ Kl Salz
1 Ei
3 El Rapsöl
4 El Wasser

Füllung
150 g Speckwürfel
350 g gemischtes Hackfleisch
1 Bund Frühlingszwiebeln
100 g Zucchetti
1 rote Peperoni
2 Eier
250 g Halbfettquark
Salz
Pfeffer
Fleischgewürz
50 g geriebener Käse

2 El Rapsöl

Einfache Berner Platte

Zutaten

1 kleine Zungenwurst oder Saucisson
800 g Rind- oder junges Kuhfleisch
1 Kl Kräutersalz
2 l Wasser

1 Wirsing
1 Sellerieknolle
6–8 Rüebli
4 Tomaten
20 g Butter
6 Kartoffeln
Schnittlauch
1–2 Stück altbackener Zopf

- Zungenwurst nach Angaben in genügend Wasser garen, auf einer Platte anrichten und warmstellen
- Fleisch mit dem Salz im heissen Wasser etwa 40 bis 45 Minuten köcheln lassen
- Wirsing, Sellerie und Rüebli rüsten, halbieren und zum Fleisch geben, 15 bis 20 Minuten fertig köcheln lassen, Brühe abgiessen und beiseite stellen, Fleisch und Gemüse ebenfalls auf der Platte anrichten
- Tomaten in der heissen Butter dünsten, bis sie schön weich sind
- Kartoffeln schälen, halbieren und im Salzwasser weichkochen, mit gehacktem Schnittlauch bestreut zum Fleisch, Gemüse und den Tomaten servieren
- Zopf in Streifen schneiden, in Suppentellern verteilen, mit der beiseite gestellten Brühe übergiessen und als Vorspeise reichen

Dieses Rezept habe ich von meiner Grossmutter, die die traditionelle Berner Platte für meinen Grossvater abänderte – er mochte Sauerkraut und Bohnen nämlich nicht

Barbara Heiniger, Wyssachen

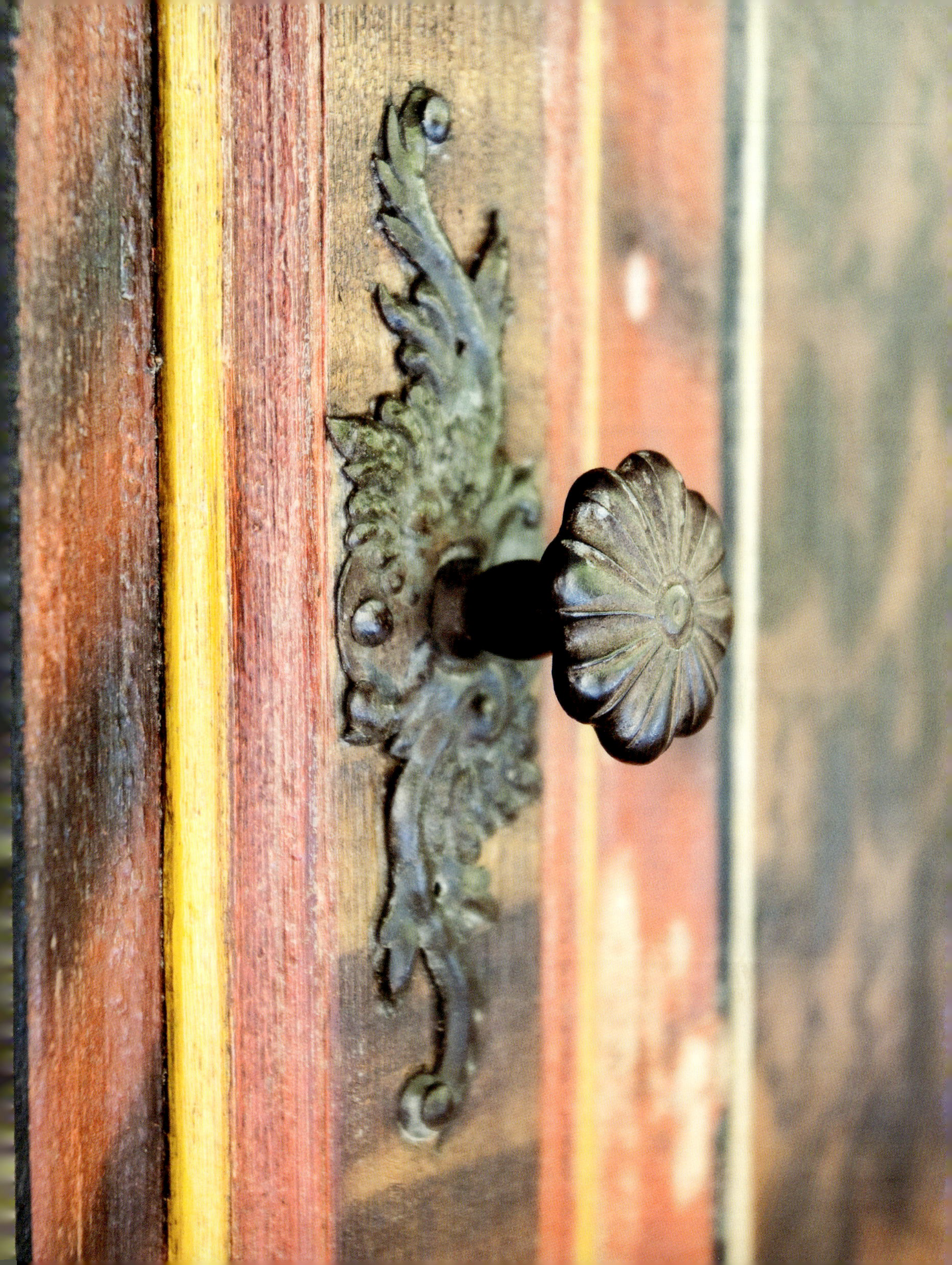

Wurststpiessli

Zutaten
1–2 Schweinswürste
1–2 Cervelats
4–8 Kalbscipollata
4 Essiggurken
4 Tranchen Bratspeck
8–12 Silberzwiebeln
8 Oliven

Marinade
1–2 El Öl
1 El Senf
Pfeffer
1 Kl italienische Kräutermischung
wenig Zitronensaft

- Für die Marinade Öl, Senf, Pfeffer, Kräuter und einige Tropfen Zitronensaft gut verrühren
- Würste, Cervelats und Essiggurken in etwa 2 cm dicke Scheiben schneiden und mit dem Speck, den Silberzwiebeln und Oliven in die Marinade geben, mindestens 30 Minuten ziehen lassen
- Würste, Speck, Gurken, Silberzwiebeln und Oliven abwechslungsweise auf Holzspiesse stecken
- Im vorgeheizten Backofen bei 250 Grad (Grill oder Oberhitze) 8 bis 10 Minuten oder in der Bratpfanne knusprig braten

Rita Gfeller, Herbligen

Heidis Cervelatragout

Zutaten
50 g Speckwürfel
4–6 Cervelats
1 Stange Lauch
1 Zwiebel
4–6 Kartoffeln
Streuwürze
Wasser

- Speckwürfel anbraten, Cervelats in Scheiben schneiden und mitbraten
- Lauch in Ringe schneiden, Zwiebel fein hacken und beifügen
- Kartoffeln schälen, in kleine Würfel schneiden und ebenfalls dazugeben
- Mit Streuwürze würzen, mit Wasser auffüllen und 15 bis 20 Minuten zugedeckt köcheln lassen
- Dazu schmecken Salat oder gedämpfte Apfelschnitze

Heidi Neuenschwander, Auswil

Exotisches Cervelatragout

- Nudeln im Salzwasser 5 bis 7 Minuten bissfest kochen, gut abtropfen lassen
- Zwiebel und Knoblauch fein hacken und im heissen Öl andünsten, Mehl darüberstäuben, Tomatenpüree und Ketchup einrühren, kurz mitdünsten und mit dem Most ablöschen
- Bouillon dazugeben, mit Salz, Pfeffer und wenig Essig abschmecken, Rahm beifügen und kurz erhitzen
- Cervelats in Scheiben schneiden, im heissen Öl braten und mit Fleischgewürz würzen
- Sauce unter die Nudeln mischen, auf Tellern anrichten, Cervelats darauf verteilen und mit einem gemischten Salat servieren

Monika Wenger, Gampelen

Zutaten

300 g dünne Nudeln
1 El Salz
3 l Wasser

½ Zwiebel
1 Knoblauchzehe
1–2 El Öl
1 El Mehl
1 El Tomatenpüree
2 El Ketchup
1 dl Most oder Weisswein
2 dl Bouillon
Kräutersalz
Pfeffer
Balsamicoessig
2–3 El saurer Halbrahm
5 Cervelats
1–2 El Öl
Fleischgewürz

Gratiniertes Cervelatragout

Zutaten
1 Zwiebel
200 g Speckwürfel
1–2 El Öl
6 Cervelats (etwa 600 g)
1 rote Peperoni
3 Kl Paprika
1 El Tomatenpüree
1 El Mehl
2 dl Wasser
2 dl Rotwein
1½ dl Rahm
100 g geriebener Greyerzerkäse

- Zwiebel in Streifen schneiden und mit den Speckwürfeln im heissen Öl kurz anbraten
- Von den Cervelats die Haut entfernen, halbieren und in 5 mm dicke Scheiben schneiden, beifügen und mitbraten
- Peperoni in 2 cm grosse Würfel schneiden, ebenfalls mitdünsten
- Mit Mehl und Paprika bestäuben, Tomatenpüree mit dem Wasser und Wein verrühren und dazugiessen, aufkochen und den Rahm dazugeben
- Alles in eine Gratinform geben und mit dem Käse bestreuen
- Im vorgeheizten Ofen bei 220 Grad 10 bis 15 Minuten überbacken, bis der Käse goldbraun ist
- Als Beilage schmecken Spätzli, Kartoffelstock oder Teigwaren und Salat

Das Cervelatragout ist ein Gericht für jede Gelegenheit, lässt sich gut vorbereiten und schmeckt besonders Kindern!

Beatrice Hirsbrunner, Wyssachen

Schinken in Rotwein und Cognac

- Schinken rollen und in eine feuerfeste Form geben
- Rahm, Cognac, Wein, Stärkemehl und Tomatenpüree gut verrühren und über die Schinkenrollen giessen
- Im vorgeheizten Ofen bei 200 Grad 20 Minuten garen, hin und wieder mit der Sauce übergiessen
- Mit etwas gehackter Petersilie bestreut servieren

Variante
Rosmarie Zehnder von Madiswil bereitet für ihren Rahmschinken eine etwas andere Sauce zu: Sie kocht etwa 2 dl Fleischbouillon auf, gibt 1,8 dl Saucenhalbrahm bei, verfeinert die Sauce mit einer kleinen Dose Tomatenpüree, einem Schuss Cognac und einem Schuss Marsala und schmeckt sie mit etwas Salz und Pfeffer ab

Ruth Heiniger, Utzigen

Zutaten
8 Scheiben Schinken

2 dl Rahm
2 El Cognac
2 El Rotwein
1 Kl Stärkemehl
1 Kl Tomatenpüree
Petersilie

Poulet im Ofen

Zutaten
1 Poulet (etwa 1,2 kg)
1 El Rapsöl
Salz
Pfeffer
100 g Speck in Tranchen

Sauce
200 g Zwiebeln
1 Dose geschälte, gehackte Tomaten
Rosmarin
Thymian
Basilikum
Zucker

- Poulet in 8 Stücke zerteilen und im heissen Öl anbraten, mit Salz und Pfeffer würzen
- Jedes Pouletstück mit Speck umwickeln und in eine Gratinform legen
- Für die Sauce Zwiebeln halbieren und in Streifen schneiden, im Bratfett andünsten, Tomaten beifügen und zur Hälfte einkochen lassen, mit Salz und Pfeffer würzen und mit Rosmarin, Thymian, Basilikum und Zucker verfeinern
- Sauce über den Pouletstücken verteilen
- Im vorgeheizten Ofen bei 200 Grad etwa 45 Minuten garen

Rosmarie Stauffer, Gampelen

Gefüllte Pouletoberschenkel

Zutaten
8 Pouletoberschenkel mit Haut (je etwa 80 g)
Salz
Pfeffer
8 Tranchen Bratspeck
8 Dörrpflaumen

- Pouletoberschenkel dem Knochen entlang einschneiden, Knochen herauslösen und die dadurch entstandene Tasche mit Salz und Pfeffer würzen
- Je eine Tranche Bratspeck und eine Dörrpflaume in die Tasche füllen und mit Zahnstochern verschliessen
- Mit der Haut nach unten auf ein mit Backtrennpapier belegtes Blech legen
- Im vorgeheizten Ofen bei 200 Grad 30 bis 40 Minuten garen

Ein leckeres Gericht, das nicht alltäglich ist und sich mit etwas Übung rasch zubereiten lässt

Christine Bühler, Tavannes

Pouletbrüstli an Zitronenrahmsauce

- Pouletbrüstchen mit Salz, Pfeffer und Paprika würzen und in der heissen Butter beidseitig braten, warmhalten
- Für die Sauce eine Zitrone in Scheiben schneiden und kurz im Bratfett andünsten, herausnehmen und beiseite stellen
- Zweite Zitrone auspressen, Rahm und Zitronensaft in die Pfanne rühren, aufkochen und mit Salz, Pfeffer und Paprika abschmecken
- Pouletbrüstchen mit der Sauce anrichten, mit den Zitronenscheiben garnieren und mit dem fein gehackten Schnittlauch bestreuen
- Dazu Reis oder Teigwaren servieren

Elsbeth Zobrist, Gampelen

Zutaten
4 Pouletbrüstchen
(je etwa 120 g)
Salz
Pfeffer
Paprika
1 El Bratbutter

Sauce
2 Zitronen
1 Becher Saucenhalbrahm
1 Bund Schnittlauch

Pouletbrüstli an Estragonsauce

- Pouletbrüstchen mit Salz und Pfeffer einreiben und im heissen Öl beidseitig knapp durchbraten, warmstellen
- Für die Sauce Zwiebel fein hacken und im Bratfett andünsten, Estragon dazugeben und kurz mitdünsten
- Mit Wein ablöschen, Rahm beifügen, mit Salz und Pfeffer abschmecken und etwas einkochen lassen
- Verklopftes Eigelb unterrühren, die Sauce nicht mehr kochen, Pouletbrüstchen dazugeben und kurz ziehen lassen

Susanne Winterberger, Moosseedorf

Zutaten
4 Pouletbrüstchen
(je etwa 120 g)
Salz
Pfeffer
Öl

Sauce
1 Zwiebel
2–3 El getrockneter Estragon
2 dl Weisswein oder Bouillon
2 dl Rahm
1 Eigelb

Pouletbrüstli auf Gemüsebett

Zutaten
4 Pouletbrüstchen
(je etwa 120 g)
100–150 g Dörraprikosen
Salz
Pfeffer

Sauce
2 dl Wasser
1 El Mehl
wenig Kaffeeöl
etwas Rotwein

200 g Lauch
300 g Rüebli
300 g Champignons
200 g Zwiebeln

- Pouletbrüstchen seitlich einschneiden, mit Dörraprikosen füllen und mit Zahnstochern verschliessen
- Mit Salz und Pfeffer würzen und beidseitig in heissem Öl goldbraun braten, beiseite stellen
- Für die Sauce Wasser mit dem Mehl, wenig Kaffeeöl und Rotwein aufkochen, mit Salz und Pfeffer abschmecken, die Pouletbrüstchen dazugeben und etwa 30 Minuten köcheln lassen
- Lauch und Rüebli in feine Streifen, Champignons in dünne Scheiben, Zwiebeln halbieren und in Streifen schneiden und unter gelegentlichem Rühren 30 Minuten dämpfen
- Gemüse auf einer Platte anrichten, Pouletbrüstchen darauflegen und mit der Sauce übergiessen

Ein gesundes und leichtes Gericht. Die Sauce kann nach Belieben mit etwas Rahm verfeinert werden.

Margrit Scheidegger, Sumiswald

Poulet-Kartoffelpfanne

- Pouletbrüstchen längs halbieren, mit Salz, Pfeffer und Paprika würzen, mit je einem Salbeiblatt belegen und mit einer Specktranche umwickeln, zugedeckt beiseite stellen
- Kartoffeln schälen und in Würfel schneiden, Birnen schälen, Kerngehäuse entfernen und in Schnitze schneiden
- Öl mit dem Salz, Pfeffer und wenig Muskat verrühren, mit den Kartoffeln, Birnen und den angetauten Marroni vermischen, in eine grosse Form oder auf ein Kuchenblech geben
- Im vorgeheizten Ofen bei 200 Grad 15 bis 20 Minuten braten, gelegentlich wenden
- Pouletbrüstchen darauflegen und weitere 10 Minuten braten
- Mit dem Apfelsaft übergiessen, etwa 10 Minuten fertig braten, bis die Kartoffeln weich und die Pouletbrüstchen durchgebraten sind

Silvia Bachmann, Herbligen

Zutaten
4 Pouletbrüstchen
(je etwa 120 g)
1 Kl Salz
Pfeffer aus der Mühle
½ Kl Paprika
8 Salbeiblätter
8 Tranchen Bratspeck

400 g festkochende Kartoffeln
300 g kleine Birnen
400 g tiefgekühlte Marroni
2 El Öl
½ Kl Salz
wenig Muskat

1 dl Apfelsaft

Süss-saures Pouletfleisch

Zutaten
400 g geschnetzeltes Pouletfleisch

Marinade
1 Ei
2 El Sojasauce
2 El Apfelsaft
3 El Stärkemehl

1 rote Peperoni
1 grosses Rüebli
100 g Lauch
100 g grüne Bohnen
1 grosse Zwiebel

1 El Öl

2 El Ketchup
1 El Honig
1 El Stärkemehl
3 El Essig
3 El Apfelsaft

2 El Sojasauce
Pfeffer aus der Mühle

- Für die Marinade Ei, Sojasauce, Apfelsaft und Stärkemehl gut verrühren, Fleisch dazumischen und 10 bis 20 Minuten ziehen lassen
- Peperoni, Rüebli und Lauch in feine Streifen schneiden, Bohnen in kleine Stücke schneiden und Zwiebel fein hacken
- Fleisch aus der Marinade nehmen, leicht abtropfen lassen und portionsweise 3 bis 5 Minuten im heissen Öl anbraten, warmstellen
- Gemüse im Bratfett 5 bis 10 Minuten bissfest dünsten, gegebenenfalls noch etwas Öl beifügen
- Ketchup, Honig, Stärkemehl, Essig und Apfelsaft verrühren, mit dem Fleisch und der restlichen Marinade zum Gemüse geben und nochmals kurz erhitzen
- Mit Sojasauce und wenig Pfeffer abschmecken

Rita Gfeller, Herbligen

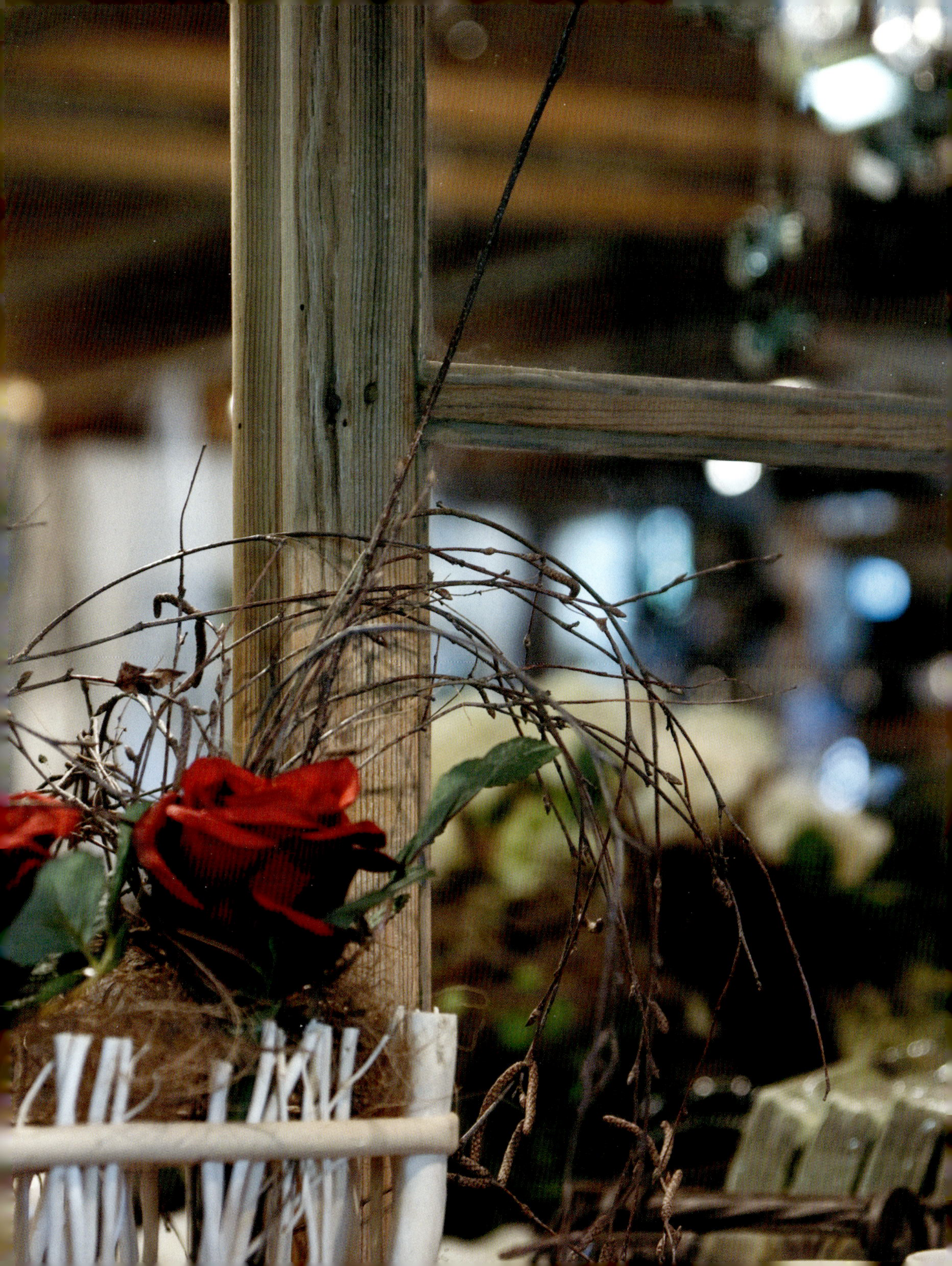

Pouletkuchen

Zutaten für 16 Stück

Teig
250 g Halbweissmehl
1 Kl Salz
100 g Butter
100 g Magerquark
1 El Obstessig
¾ dl Wasser

Belag
1 grosse Gemüsezwiebel
1 Stange Lauch
2 Tomaten
250 g geschnetzeltes Pouletfleisch
1 El Bratbutter
1 Kl Salz
Pfeffer aus der Mühle
1 Kl Streuwürze
½ dl Rahm
2–3 El Paniermehl
50 g geriebener Sbrinz

- Für den Teig Mehl und Salz vermischen, Butter stückweise beifügen und verreiben, sorgfältig Quark, Essig und Wasser dazumischen und rasch zu einem Teig verarbeiten, aber nicht kneten, 30 Minuten kühlstellen
- Für den Belag Zwiebeln und Lauch in Stücke schneiden und andünsten, Tomaten in Würfel schneiden und mitdünsten
- Fleisch kurz in der heissen Butter anbraten, Gemüse dazumischen, mit Salz, Pfeffer und Streuwürze abschmecken und den Rahm beifügen, kurz aufkochen und abkühlen lassen
- Teig auswallen, auf ein mit Backtrennpapier ausgelegtes, grosses Kuchenblech geben und den Rand etwas hochziehen
- Den Teigboden mehrmals mit einer Gabel einstechen, mit Paniermehl bestreuen und den Belag darauf verteilen, mit dem Käse bestreuen
- Im vorgeheizten Ofen bei 180 Grad 45 bis 60 Minuten backen

Tipp
Das Fleisch und das Gemüse sollten nicht ganz gar gekocht sein, ansonsten wird der Kuchen trocken!

Am Backstand der Olma 2009 hat eine Gruppe Berner Landfrauen diesen köstlichen Pouletkuchen mit grossem Erfolg angeboten

Christine Bühler, Tavannes

Trutenvoressen

- Morcheln einweichen, abspülen und abtropfen lassen
- Rüebli in Stifte und Kohlrabi in dünne Scheiben schneiden, Brokkoli in Röschen zerteilen
- Gemüse mit den Morcheln in der heissen Butter kurz andünsten, mit dem Wein und der Bouillon ablöschen, abgeriebene Zitronenschale beifügen, Fleisch dazugeben und zugedeckt etwa 15 Minuten garen
- Sauce in eine Pfanne abgiessen, Rahm unterrühren und 5 Minuten köcheln lassen
- Zum Fleisch und Gemüse geben, nochmals aufkochen und servieren
- Dazu schmeckt ein Gerstenring oder Reis

Susanne Siegenthaler, Herbligen

Zutaten

30 g getrocknete Morcheln
2 Rüebli
2 Kohlrabi
300 g Brokkoli
2 El Butter
2 dl Weisswein
2 dl Hühnerbouillon
½ Zitrone, Schale
500 g Trutenragout
oder -schnitzel

1,8 dl Rahm

Trutenragout an Sauerrahm

- Trutenfleisch in 2 cm grosse Würfel schneiden und im heissen Öl anbraten, mit Salz und Pfeffer nach Belieben würzen, mit Paprika bestreuen und kurz mitdünsten, aus der Pfanne nehmen und warmstellen
- Peperoni in 5 mm breite Streifen und Zwiebel in Ringe schneiden, Knoblauch fein hacken und zusammen im Bratfett dünsten, bis alles leicht Farbe annimmt, 5 Minuten garen lassen
- Fleisch dazumischen, Rahm beifügen und kurz erhitzen, aber nicht mehr kochen
- Mit Reis oder Nudeln servieren

Das Trutenragout ist rasch zubereitet und besonders bei Kindern beliebt!

Kathrin Bertschi, Urtenen

Zutaten

500 g Trutenfleisch
1 El Olivenöl
Salz
Pfeffer
2 Kl scharfes Paprikapulver
1 rote Peperoni
1 gelbe Peperoni
1 grosse Zwiebel
1 Knoblauchzehe
1,8 dl saurer Halbrahm

Lamm auf Gemüsebett

Zutaten
500 g Kartoffeln
500 g Rüebli
4 Lammnierstücke
(je etwa 220 g)
Öl oder Bratbutter
Salz
Pfeffer
500 g Mascarpone
Schnittlauch

- Kartoffeln schälen und in kleine Würfel schneiden, Rüebli ebenfalls in kleine Würfel schneiden und im Salzwasser blanchieren, abtropfen lassen und auf ein Kuchenblech geben
- Fleisch im heissen Öl beidseitig je 2 Minuten anbraten, mit Salz und Pfeffer würzen und warmstellen
- Mascarpone glattrühren, mit Salz und Pfeffer würzen, Schnittlauch fein hacken und untermischen
- Fleisch in 1½ bis 2 cm dicke Tranchen schneiden, auf dem Gemüse verteilen und mit dem Mascarpone bedecken
- Im vorgeheizten Ofen bei 200 Grad 5 bis 8 Minuten überbacken, der Mascarpone braucht nicht ganz zu verlaufen

Dieses Gericht habe ich einem Restaurant kennengelernt. Mir hat es so gut geschmeckt, dass ich einfach versucht habe, es nachzukochen. Es ist mir gelungen. Zwischenzeitlich habe ich schon zahlreiche Gäste damit verwöhnt und auch sie waren begeistert.

Marlise Meuter, Büren an der Aare

Kaninchen nach Feinschmeckerart

- Für die Marinade gesottene Butter schmelzen, mit dem Senf, Zitronensaft, Salz und Pfeffer verrühren, nach Belieben gehackte Kräuter dazugeben
- Kaninchen zerlegen und mit der Marinade bestreichen, mindestens 12 Stunden kühlstellen
- Fleischstücke aus der Marinade nehmen, leicht trockentupfen, im Mehl wenden und in der Hälfte der heissen Butter rundum anbraten, beiseite stellen
- Zwiebel fein hacken und im Bratfett andünsten, etwas Mehl darüberstäuben und mit dem Wein ablöschen, Bouillon, Lorbeerblatt und gehackte Kräuter nach Belieben beifügen und das Fleisch dazugeben, 1 bis 1½ Stunden schmoren lassen
- Kaninchenstücke aus der Sauce nehmen, auf einer Platte anrichten und warmstellen, Champignons in der restlichen Butter schwenken und auf dem Fleisch verteilen
- Sauce mit dem Rahm verfeinern, bis kurz vors Kochen bringen, durch ein Sieb streichen und zum Fleisch geben oder separat servieren
- Dazu schmecken feine Knöpfli

Helene Zaugg, Wyssachen

Zutaten
1½–2 kg Kaninchen

Marinade
50–60 g gesottene Butter
½ El Senf
½ Zitrone, Saft
Salz
Pfeffer
Rosmarin, Majoran
oder Thymian

2 El Mehl
30–40 g Butter
1 grosse Zwiebel
1 Glas Weisswein
1–2 T Bouillon
1 Lorbeerblatt
gehackte Kräuter
1 kleine Dose Champignons

1½ dl leicht saurer Rahm,
Sauerrahm oder Rahm

Kaninchenvoressen an Safransauce

Zutaten
1 kg Kaninchenvoressen
1 El Mehl
1 El Butter
1 Zwiebel
Salz
Pfeffer
2 dl Weisswein
3 dl Bouillon
1 Nelke
1 Lorbeerblatt
1½ dl Rahm
1 Eigelb
1 Briefchen Safran

- Fleisch mit dem Mehl bestäuben und in der heissen Butter anbraten
- Zwiebel fein hacken und mitdünsten, mit Salz und Pfeffer würzen und mit dem Wein ablöschen, Bouillon dazugiessen, Nelke und Lorbeerblatt beifügen und zugedeckt 1 Stunde schmoren lassen
- Rahm, Eigelb und Safran mit etwas Sauce verquirlen, zum Fleisch rühren und alles bis kurz vors Kochen bringen
- Dazu schmeckt Kartoffelstock

Variante
Kefen, Erbsen oder anderes Gemüse in etwas Butter andünsten, knapp weichkochen und kurz vor dem Servieren zum Fleisch geben

Uf vüune Buurehöf fingt me näbscht Chüe und Söi ou no irgendwo äs paar Chüngle. Hüfig ghörts zu de Ufgabe vor Buurefrou oder vo de Ching, zu dene chline Nager z'luege. Mit äbeso grosser Liebi wird när aber ou das gsunge, hofeigene Fleisch ir Chuchi zuebereitet.

Elsbeth Brand, Schwarzenbach

Hirschbraten

- Fleisch mit Salz, Pfeffer und Paprika einreiben und im heissen Öl rundum gut anbraten, mit dem Fond ablöschen und etwa 1½ Stunden zugedeckt schmoren lassen
- Braten in Tranchen schneiden und auf einer Platte anrichten, warmstellen
- Sauce nach Belieben mit Stärkemehl binden und mit Preiselbeerkonfitüre und Pfeffer abschmecken
- Feigen und Trauben halbieren und in der heissen Butter kurz erhitzen, den Braten damit garnieren und die Sauce separat dazu servieren

Anna Fankhauser, Utzigen

Zutaten

1 kg Hirschbraten
Salz
Pfeffer
Paprika
2 El Öl
2½ dl Wildfond
1–2 Kl Stärkemehl
Preiselbeerkonfitüre

6 Feigen
100 g Trauben
2 El Butter

Hirschsteaks an Bierzabaione

- Steaks mit Salz und Pfeffer würzen und beidseitig in der heissen Butter anbraten, warmstellen
- Ei und Eigelb im heissen Wasserbad schaumig rühren, nach und nach Bier beifügen und 6 bis 8 Minuten cremig rühren, mit Orangensaft, Orangenlikör und Zimt abschmecken
- Im Herbst mit Spätzli und im Sommer mit verschiedenen Salaten servieren – eine wunderbare Abwechslung zu den sonst bekannten Wildgerichten

Beatrice Hirsbrunner, Wyssachen

Zutaten

4 Hirschsteaks
(Rücken oder Stotzen)
Salz
Pfeffer
Butter

1 Ei
2 Eigelb
1¼ dl Starkbier
1 El Orangensaft
1 El Orangenlikör
1 Msp Zimt

Rehrücken an Wildrahmsauce

**Zutaten
für 6 bis 8 Personen**
2 kg Rehrücken

Beize
3 El Butter
1 dl Weisswein
½ Kl Zucker
Salz
Pfeffer
Muskat
Majoran
Thymian

Sauce
2½ dl Wildfond
1 Msp Wacholderpulver
1 El Johannisbeergelee
1½ dl Rahm

- Für die Beize weiche Butter, Wein, Zucker, Salz, Pfeffer, Muskat, Majoran und Thymian verrühren und das Fleisch damit bestreichen, locker in Alufolie verpacken, dabei die Enden nach oben verschliessen und im Kühlschrank 1 Tag marinieren
- Fleisch in der Folie in den vorgeheizten Ofen geben und bei 220 Grad etwa 20 Minuten braten, die Folie etwas öffnen, das Fleisch mit dem eigenen Saft übergiessen und weitere 10 Minuten bräunen
- Bratensaft abgiessen und beiseite stellen, Rehrücken nochmals 5 Minuten im ausgeschalteten Ofen belassen, in Tranchen schneiden, auf einer Platte anrichten und warmstellen
- Für die Sauce Fond, Wacholderpulver, Johannisbeergelee und Rahm aufkochen, Bratensaft beifügen und etwas eindicken lassen
- Sauce separat zum Rehrücken servieren

Anna Fankhauser, Utzigen

Rehschnitzel mit Zwetschgen

- Zwetschgen halbieren und entsteinen, in der heissen Butter rasch beidseitig anbraten, mit dem Zucker bestreuen und karamellisieren, nach und nach den Wein dazugiessen und fast einkochen lassen
- Schnitzel in der heissen Butter beidseitig gut anbraten, mit Salz und Cayennepfeffer würzen und warmstellen
- Bratensatz mit dem Schnaps auflösen, Fond und Zwetschgen mit der Flüssigkeit beifügen und leicht einkochen lassen
- Rahm dazugeben, nochmals eindicken lassen und mit wenig Zimt und Cayennepfeffer abschmecken
- Schnitzel auf einer Platte anrichten, mit je zwei Zwetschgenhälften garnieren und mit der Sauce überziehen

Anna Fankhauser, Utzigen

Zutaten
8 grosse feste Zwetschgen
1 El Butter
2 El Zucker
2 dl Rotwein

8 Rehschnitzel
(je etwa 50 g)
1 El Butter
Salz
Cayennepfeffer
1 El Zwetschgenschnaps
1 dl Wildfond
3 El Rahm
Zimt

Geschnetzeltes an Tee-Fruchtsauce

- Fleisch in Streifen schneiden und in der heissen Butter kurz anbraten, mit Salz und Pfeffer würzen und im vorgeheizten Ofen bei 80 Grad warmhalten
- Für die Sauce Bratensatz mit dem Tee und Wein ablöschen und zur Hälfte einkochen, Rahm beifügen und kurz aufkochen, Brombeeren halbieren und dazugeben, Honig einrühren und mit Salz und Pfeffer abschmecken
- Fleisch in die Sauce geben, nochmals kurz aufkochen und servieren

Martin Gerber, Riggisberg

Zutaten
600 g Rehfilet
Butter
Salz
Pfeffer

Sauce
1 dl starker Schwarztee
1 dl Rotwein
2 dl Doppelrahm
300 g Brombeeren
1 El Honig

Hasenspiessli

Zutaten
4 Wildhasenfilets
(je etwa 100 g)
Pfeffer
16 Zweige Thymian
16 Tranchen Bratspeck
12 Rosenkohlröschen
2 El Olivenöl

1 El Balsamicoessig
2½ dl Wildfond
1 Kl Stärkemehl
Salz
1 El Johannisbeergelee

- Hasenfilets in Viertel schneiden, mit Pfeffer würzen, mit je einem Thymianzweig belegen und mit einer Specktranche umwickeln
- Rosenkohl im Salzwasser 10 bis 12 Minuten kochen
- Abwechslungsweise Rosenkohl und Filetstücke auf Spiesse stecken und im heissen Öl rundum 5 bis 10 Minuten braten, das Fleisch darf innen noch etwas rosa sein
- Bratensatz mit Essig und Wildfond ablöschen, Stärkemehl einrühren und kurz aufkochen, mit Salz, Pfeffer und Johannisbeergelee abschmecken

Variante
Die Hasenspiessli können auch auf dem Grill gegart und mit einer feinen Kräuterbutter serviert werden

Beatrice Hirsbrunner, Wyssachen

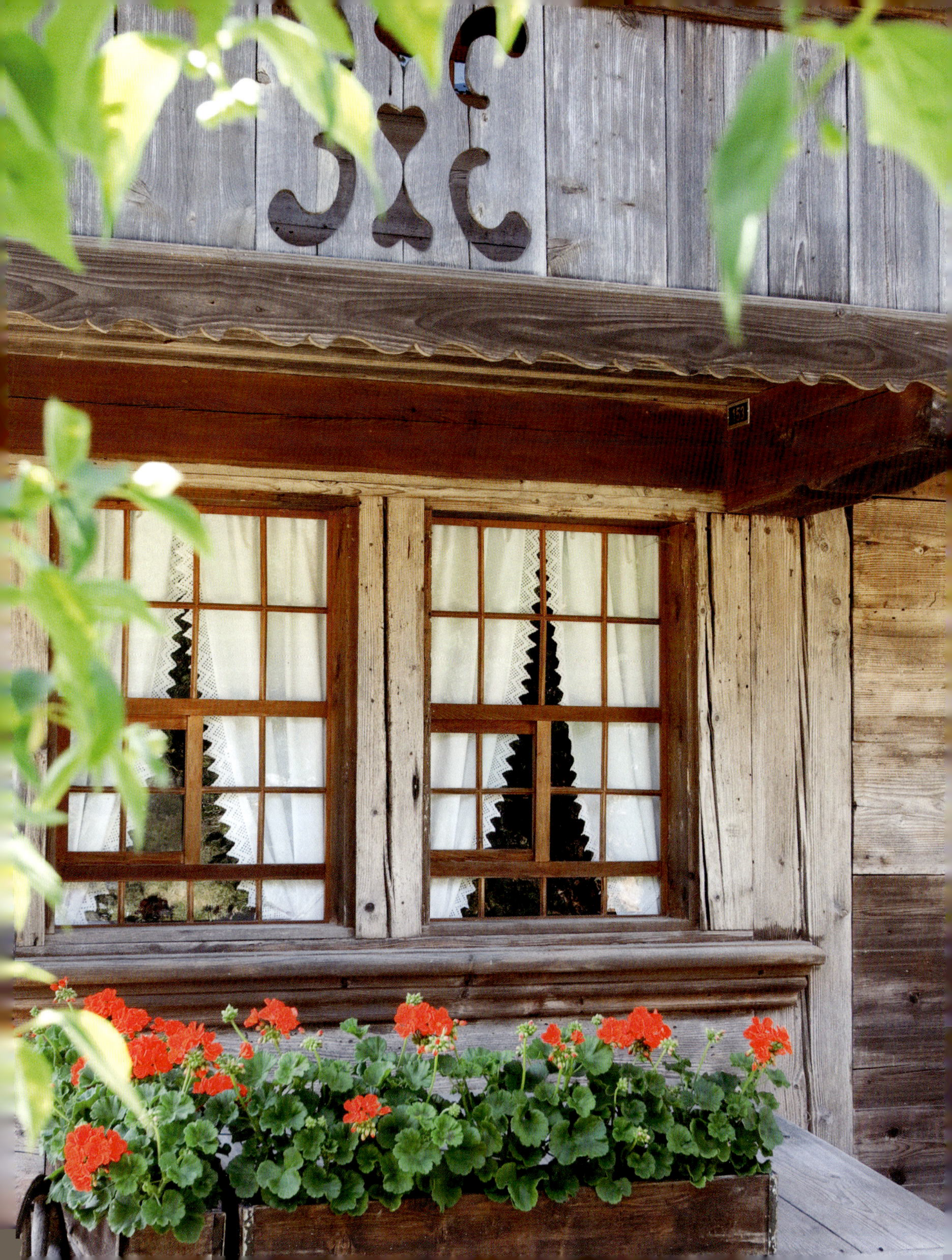

Hasenpfeffer à ma façon

Zutaten

600–700 g gebeizter Wildhasenpfeffer
1 Stück Speckschwarte
2 El Öl
Salz
Pfeffer
1 Pr Zucker
3 dl Rotwein
3 dl Wildfond
1 Msp Wacholderpulver
1 dl Rahm

2 Scheiben Toastbrot
100 g Eierschwämme
12 Perlzwiebeln
60 g Speckwürfel
2 El Butter

- Fleisch aus der Beize nehmen, mit etwas Haushaltpapier abtupfen und mit der Speckschwarte im heissen Öl gut anbraten, mit 2 dl abgesiebter Beize ablöschen und etwa 1 Stunde schmoren lassen
- Mit Salz und Pfeffer würzen, Fleisch aus der Sauce nehmen und warmstellen
- Zucker, Rotwein, Wildfond und 4 dl abgesiebte Beize zur Sauce geben und unter ständigem Rühren einkochen lassen, Fleisch wieder beifügen und mit Wacholderpulver abschmecken
- Vor dem Servieren Rahm darunterrühren und erhitzen, aber nicht mehr kochen
- Für die Garnitur Toastbrotscheiben in kleine Würfel schneiden und rösten, warmstellen
- Eierschwämme, Zwiebeln und Speckwürfel in der heissen Butter etwa 20 Minuten braten, weitere 10 Minuten zugedeckt dünsten und mit den Brotwürfeln über das angerichtete Fleisch geben

Anna Fankhauser, Utzigen

Zitronenlachs im Blätterteig

- Blätterteig zu einem Rechteck von etwa 30 x 40 cm auswallen, an den beiden Längs- und an einer Breitseite je einen Teigstreifen von 1½ cm abschneiden und für die Garnitur beiseite legen, Teigrechteck auf ein mit Backtrennpapier belegtes Blech geben
- Für die Füllung Ricotta glattrühren, Zitronenschale abreiben, das Fruchtfleisch herauslösen, filetieren und in kleine Würfel schneiden und mit dem Sbrinz zum Ricotta mischen, mit Salz und wenig Pfeffer würzen
- Lachsfilet längs halbieren, beidseitig mit Salz und Pfeffer würzen und ein Filet auf eine Teighälfte legen, dabei einen Rand von etwa 3 cm frei lassen, Füllung auf dem Lachsfilet verteilen und das zweite Filet darauflegen
- Rand mit verklopftem Ei bestreichen, Teig über das Lachsfilet schlagen, Rand mit einer Gabel gut andrücken
- Zwei der beiseite gelegten Teigstreifen über Kreuz auf das Teigpaket legen, dritten Streifen zu einer Masche formen und in die Mitte setzen, mit dem restlichen verklopften Ei bestreichen, mit einer Gabel mehrmals einstechen und etwa 15 Minuten kühlstellen
- In der unteren Hälfte des vorgeheizten Ofens bei 220 Grad etwa 25 Minuten backen

Silvia Bachmann, Herbligen

Zutaten
500 g Blätterteig

Füllung
250 g Ricotta
½ Zitrone
3 El geriebener Sbrinz
¾ Kl Salz
wenig Pfeffer

700 g Lachsfilet (Mittelstück)
¾ Kl Salz
wenig Pfeffer aus der Mühle

1 Ei

Lachs mit Sauerkraut

Zutaten
400 g Sauerkraut
4 dl Gemüsebouillon
Meersalz
Pfeffer aus der Mühle
wenig Champagner
30 g Butter

Sauce
1 Schalotte
2 El Weisswein
1 El Noilly Prat
(weisser Wermut)
1 El Gemüsebouillon
1 dl Rahm
60 g Butter
Zitronensaft
1 Kartoffel

2 El geschlagener Rahm

600 g Lachsfilets

- Sauerkraut mit der Bouillon sehr weichkochen, mit Salz und Pfeffer würzen und mit wenig Champagner und der Butter verfeinern
- Für die Sauce die Schalotte fein hacken, mit dem Wein und Noilly Prat aufkochen und einköcheln lassen, Bouillon und Rahm beifügen, Butter stückweise einrühren und mit etwas Zitronensaft, Salz und Pfeffer abschmecken
- Kartoffel schälen und an der Bircherraffel direkt dazureiben
- Sauerkraut und Sauce gut vermischen, in eine gebutterte Auflaufform füllen und den geschlagenen Rahm darauf verteilen
- Im vorgeheizten Ofen bei 180 Grad 30 Minuten überbacken
- Fischfilets mit Salz und Pfeffer beidseitig würzen, in eine gebutterte Form geben und im vorgeheizten Ofen bei 180 Grad 10 Minuten garen

Peter Engeloch, Riggisberg

Lachsstroganoff

- Champignons in Scheiben und Peperoni in Streifen schneiden, Zwiebel fein hacken und zusammen in etwas heisser Butter andünsten
- Paprika darüberstreuen, mit dem Wein ablöschen, Rahm beifügen und kurz aufkochen, mit Salz und Pfeffer würzen
- Lachs in Streifen von 1 x 3 cm schneiden, zum Gemüse geben und etwa 5 Minuten ziehen lassen

Dieses Rezept habe ich im Fischkochkurs der Landfrauen Trimstein und Umgebung kennengelernt

Franziska Heiniger, Rubigen

Zutaten
4 grosse Champignons
¼ rote Peperoni
¼ gelbe Peperoni
¼ grüne Peperoni
½ Zwiebel
1 El Butter
1 El Paprika
½ dl Weisswein
4 dl Rahm
Salz
Pfeffer
600 g frischer Lachs

Kabeljau an Senfsauce

- Fischfilets waschen, trockentupfen und mit Zitronenpfeffer würzen, Zwiebeln fein hacken und in der heissen Butter andünsten, mit dem Wein ablöschen, Fischfilets dazugeben und etwa 10 Minuten pochieren, herausnehmen und warmstellen
- Für die Sauce gut 2 dl Pochierflüssigkeit mit dem Bouillonwürfel aufkochen, Rahm, Mehl und weiche Butter verrühren, zur Brühe geben und aufkochen, den Senf einrühren und mit dem Safran, etwas Zitronenpfeffer und wenig Zitronensaft verfeinern
- Die Sauce zu den Fischfilets geben und mit Reis und Salat servieren

Heinz Eggimann, Wyssachen

Zutaten
800 g Kabeljaufilets
Zitronenpfeffer
3–4 kleine Zwiebeln
Butter
3 dl Weisswein

Sauce
1 Rindsbouillonwürfel
3,6 dl Saucenhalbrahm
1 El Mehl
1 El Butter
2 Kl pikanter Senf
2 Kl grobkörniger Senf
2 Msp Safran
Zitronenpfeffer
Zitronensaft

Fischgratin mit Spinat

Zutaten
400 g Flundernfilets
Salz
Pfeffer
Zitronensaft
400 g Blattspinat
Butter

Sauce
1 dl Weisswein
2 dl Bouillon
2 El Mehl
1 dl Wasser
Petersilie
2 El Rahm

2 El geriebener Käse nach Belieben

- Fischfilets beidseitig mit Salz und Pfeffer würzen und mit Zitronensaft beträufeln
- Spinat in etwas Salzwasser blanchieren, gut abtropfen lassen
- Abwechslungsweise Fischfilets und Spinat in eine gebutterte Auflaufform füllen
- Für die Sauce Wein und Bouillon aufkochen, Mehl im Wasser anrühren, beifügen und unter Rühren aufkochen, mit Salz und Pfeffer würzen und mit gehackter Petersilie und Rahm verfeinern
- Sauce über die Fischfilets und den Spinat verteilen und nach Belieben mit Käse bestreuen
- Im vorgeheizten Ofen bei 200 Grad 20 bis 30 Minuten überbacken

Mit diesem Rezept habe ich einen Wettbewerb der Berner Zeitung gewonnen

Christine Indermühle, Frauchwil

Gewickelte Felchenfilets

- Fischfilets mit Zitronensaft beträufeln, mit Fischgewürz, Salz und Pfeffer würzen
- Specktranchen kurz anbraten
- Spargelspitzen auf die Fischfilets geben, mit den Specktranchen umwickeln und in eine gebutterte Gratinform legen
- Rahm mit dem Zitronensaft und Ketchup verrühren, mit Salz und Pfeffer abschmecken und über die Fischfilets giessen
- In der Mitte des vorgeheizten Backofens bei 200 Grad 20 bis 25 Minuten gratinieren

Dieses unkomplizierte Gericht begeistert auch Gäste, die nicht unbedingt Fischliebhaber sind!

Therese Friedli, Wengi bei Büren

Zutaten
12–16 Felchenfilets
½ Zitrone, Saft
Fischgewürz
Salz
Pfeffer
12–16 Tranchen Bratspeck
1 Dose Spargelspitzen
oder 250 g vorgekochte
frische Spargeln

2 dl Rahm
½ Zitrone, Saft
3 El Ketchup

Thonküchlein

- Brot in Würfel schneiden und mit der heissen Bouillon übergiessen, 15 Minuten ziehen lassen
- Zwiebel fein hacken und mit der Petersilie und dem Schnittlauch in der Hälfte der Butter andünsten
- Thon und Brot mit einer Gabel zerkleinern und vermischen, Zwiebeln, Petersilie, Schnittlauch und verklopfte Eier beifügen und gut verkneten, mit Salz, Pfeffer und Muskat würzen
- Masse zu Küchlein formen und in der übrigen Butter goldgelb backen

Helene Zaugg, Wyssachen

Zutaten
250 g altbackenes Brot
4 dl Bouillon
1 Zwiebel
1 El gehackte Petersilie
1 El gehackter Schnittlauch
2 El Butter
200 g Thon
2 Eier
Salz
Pfeffer
Muskat

Thonmousse à la Ruth

Zutaten
für 4 bis 8 Personen

400 g Thon
200 g Mayonnaise
oder Frischkäse
180 g Jogurt nature
1 Zitrone, Saft
1 Zwiebel
1 Bund Schnittlauch
1 Büschel Petersilie

2 P Sulzepulver
4 dl Wasser

Streuwürze
Pfeffer
Knoblauchpulver
3 dl Halbrahm

Zitronenscheiben
Kapern
Petersilie

- Thon, Mayonnaise, Jogurt und Zitronensaft in eine Schüssel geben
- Zwiebel, Schnittlauch und Petersilie fein hacken, beifügen und alles mit dem Stabmixer zerkleinern
- Sulzepulver im Wasser aufkochen, erkalten lassen und dazurühren
- Mit Streuwürze, Pfeffer und Knoblauchpulver abschmecken
- Rahm steif schlagen und vorsichtig unterziehen
- Masse in eine Gugelhopfform füllen und im Kühlschrank 4 bis 5 Stunden fest werden lassen
- Zum Anrichten Form kurz in heisses Wasser stellen, Rand lösen und Gugelhopf auf eine Tortenplatte stürzen
- Mit Zitronenscheiben, Kapern und Petersilie garnieren und mit frischem Brot servieren
- Kann zum Apéro, als Vorspeise oder als leichte Mahlzeit mit einem Salat gereicht werden

Hedy Lüscher, Utzigen

Fisch

Bärner Züpfe

- Mehl mit dem Salz vermischen, Butter stückweise beifügen, Hefe zerbröseln und mit der lauwarmen Milch dazugeben, etwa 10 Minuten zu einem geschmeidigen Teig kneten und zugedeckt um das Doppelte aufgehen lassen
- Teig zu zwei Strängen formen, zu einem Zopf flechten und auf ein mit Backtrennpapier belegtes Blech geben, nochmals 15 Minuten zugedeckt aufgehen lassen und weitere 15 Minuten kühlstellen, mit verklopftem Ei zweimal bestreichen
- Im vorgeheizten Ofen bei 200 Grad etwa 35 Minuten backen

Anna Fankhauser, Utzigen

Zutaten

500 g Zopfmehl
10 g Salz
50 g Butter
10 g Hefe
3 dl Milch

1 Ei

Züpfe nach em Arnirezäpt

- Mehl mit dem Salz vermischen, Butter in 5 dl lauwarmer Milch schmelzen, Hefe beifügen, mit einem Ei zum Mehl geben und zu einem glatten und geschmeidigen Teig kneten, gegebenenfalls noch etwas Milch beifügen, zugedeckt etwa 1½ Stunden aufgehen lassen
- Teig zu zwei Strängen formen und zu einer Züpfe flechten, auf ein mit Backtrennpapier belegtes Blech setzen und mit verquirltem Ei bestreichen, weitere 15 Minuten aufgehen lassen, nochmals mit Ei bestreichen
- Im vorgeheizten Ofen bei 200 Grad etwa 1 Stunde backen

Barbara Heiniger, Wyssachen

Zutaten

1 kg Weissmehl
25 g Salz
80 g Butter
5–6 dl Milch
30 g Hefe
1 Ei

1 Ei

Vollkornbrot

Zutaten
75 g Roggen
oder Roggenmehl
50 g Gerste
oder Gerstenschrot
50 g Hafer oder gehackte
Sonnenblumenkerne
250 g Vollkornmehl
¾ Kl Salz
20 g Hefe
3 dl Wasser

- Roggen, Gerste und Hafer frisch mahlen und mit dem Vollkornmehl und Salz vermischen, Hefe im lauwarmen Wasser auflösen und zum Mehl geben, zu einem geschmeidigen und sehr feuchten Teig kneten, zugedeckt um das Doppelte aufgehen lassen
- Teig in eine mit Backtrennpapier ausgelegte Form geben und zugedeckt nochmals kurz aufgehen lassen
- Im vorgeheizten Ofen bei 250 Grad 5 bis 10 Minuten backen, Backofentür öffnen und Dampf entweichen lassen, Temperatur auf 180 Grad reduzieren und 20 Minuten fertig backen

Hanni Niederhauser, Wyssachen

Kürbiskernbrot

**Zutaten
für 3 Brote**
550 g Weissmehl
550 g Sechs-Kornmehl
30 g Malzpulver
50 g Kürbiskerne
30 g Salz
20 g Zucker
40 g Hefe
3–4 dl Milch
3 dl Wasser

- Mehl, Malzpulver, Kürbiskerne, Salz und Zucker vermischen, Hefe in der lauwarmen Milch auflösen und mit dem Wasser zum Mehl geben, zu einem geschmeidigen Teig verarbeiten und zugedeckt mindestens 2 Stunden aufgehen lassen
- Teig zu drei Broten formen, auf mit Backtrennpapier belegte Bleche setzen und nochmals aufgehen lassen
- Im vorgeheizten Ofen bei 220 Grad 10 Minuten backen, Backofentür öffnen und Dampf entweichen lassen, Temperatur auf 200 Grad zurückstellen und 30 bis 40 Minuten fertig backen

Nelly Hurni, Ostermanigen

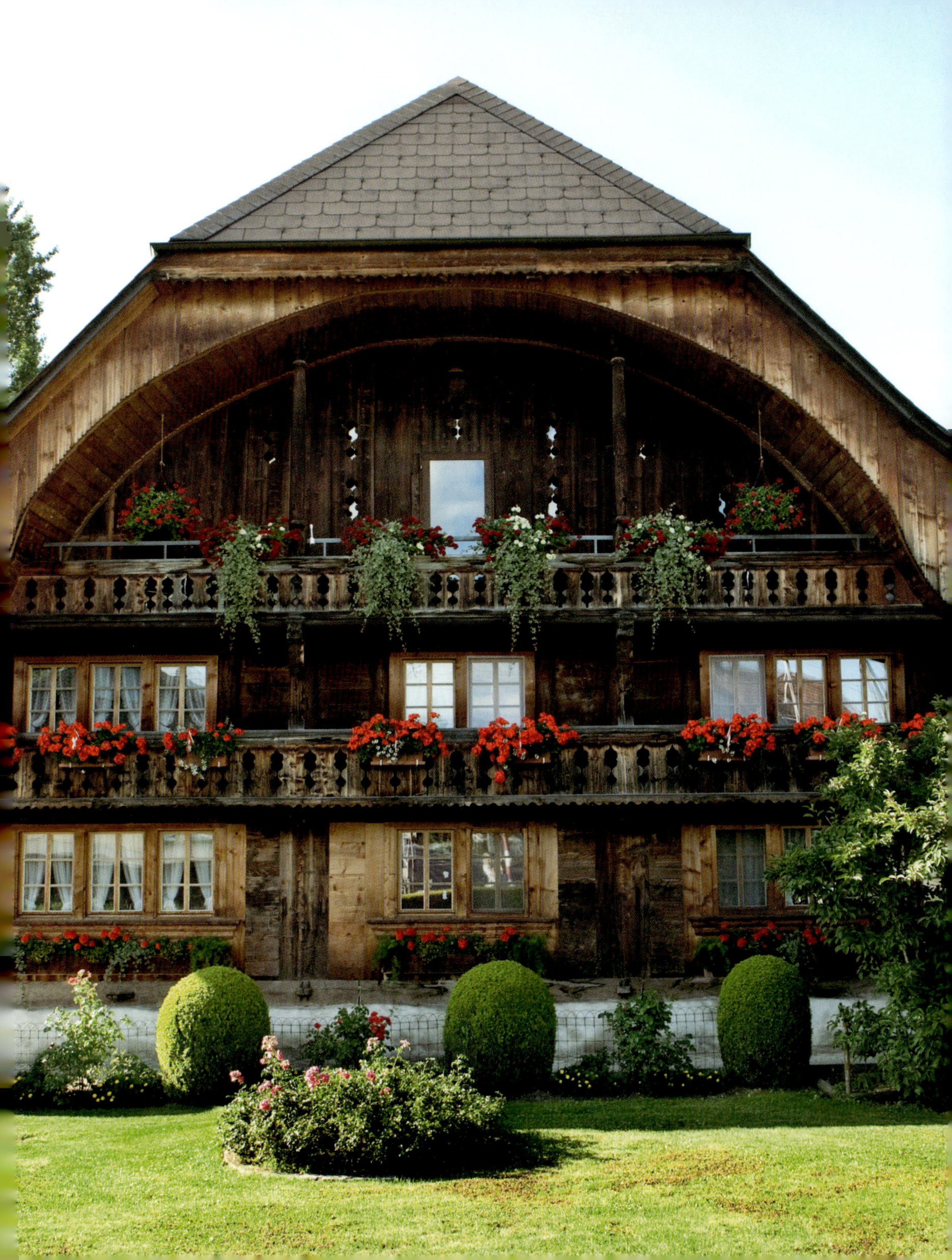

Leinsamenbrot

Zutaten
100 g Graham- oder Vollkornmehl
200 g Ruchmehl
1 Kl Salz
20 g Hefe
2 dl Milch-Wasser
2 El Öl
2–4 El Leinsamen

- Mehl und Salz vermischen, Hefe im lauwarmen Milch-Wasser auflösen und mit dem Öl und dem eingeweichten Leinsamen zum Mehl geben, zu einem geschmeidigen Teig kneten und zugedeckt um das Doppelte aufgehen lassen
- Teig zu einem Brot formen und auf ein mit Backtrennpapier belegtes Blech geben, nochmals kurz zugedeckt aufgehen lassen, Brot nach Belieben einschneiden
- Im vorgeheizten Ofen bei 200 Grad 10 Minuten backen, Backofentür öffnen und den Dampf entweichen lassen, Temperatur auf 180 Grad reduzieren und 20 Minuten fertig backen

Hanni Niederhauser, Wyssachen

Dinkel-Nussbrot

Zutaten für 4 Brote
900 g helles Dinkelmehl
200 g dunkles Roggenmehl
200 g Sechs-Kornmehl
75 g Malzpulver
40 g Salz
30 g Zucker
60 g Hefe
4¼ dl Milch
4¼ dl Wasser
100 g gehackte Baumnüsse
100 g gehackte Haselnüsse

- Mehl, Malzpulver, Salz und Zucker vermischen, Hefe in der lauwarmen Milch auflösen und mit dem Wasser zum Mehl geben, Nüsse beifügen und alles zu einem geschmeidigen Teig kneten, zugedeckt etwa 2 Stunden aufgehen lassen
- Teig vierteln und zu Broten formen, auf mit Backtrennpapier belegte Bleche geben und nochmals aufgehen lassen, mit dem Messer mehrmals einschneiden
- Im vorgeheizten Ofen bei 220 Grad 10 Minuten backen, die Backofentür öffnen und den Dampf entweichen lassen, Temperatur auf 200 Grad reduzieren und 30 bis 40 Minuten fertig backen

Variante
Schmeckt auch mit Mandeln, Kümmel oder Dörrfrüchten

Nelly Hurni, Ostermanigen

Brennnesselbrot

- Mehl und Salz vermischen, Hefe im lauwarmen Wasser auflösen und mit dem Öl und dem Honig zum Mehl geben, zu einem geschmeidigen Teig kneten
- Zwiebeln fein hacken und mit den gewaschenen, fein gehackten Brennnesselspitzen in wenig heissem Öl 3 Minuten andünsten, auskühlen lassen und zum Teig kneten, zugedeckt um das Doppelte aufgehen lassen
- Teig zu einem Brot formen und auf ein mit Backtrennpapier belegtes Blech geben
- Im vorgeheizten Ofen bei 200 Grad 30 bis 40 Minuten backen

Variante
Die Brennnesselspitzen lassen sich auch durch 150 g fein gehackte Bärlauchblätter ersetzen. Und anstelle des Dinkelmehls kann 500 g Halbweissmehl verwendet werden, dann braucht es allerdings nur 10 g Hefe.

Anna Fankhauser, Utzigen

Zutaten
600 g Dinkel- oder Vollkornmehl
2 Kl Salz
40 g Hefe
3–3½ dl Wasser
3 El Olivenöl
1 El flüssiger Honig

2 Zwiebeln
120 g Brennnesselspitzen
wenig Öl

Tomaten-Olivenbrot

Zutaten

500 g Semmelmehl
60 g Sechs-Kornmehl
oder Roggenmehl
20 g Salz
10 g Zucker
30 g Hefe
4 dl Milch
1 El Olivenöl
wenig Oregano

50 g getrocknete Tomaten
50 g grüne
oder schwarze Oliven

- Mehl, Salz und Zucker vermischen, Hefe in der lauwarmen Milch auflösen und zum Mehl geben, Olivenöl und wenig Oregano dazugeben und zu einem glatten Teig kneten
- Tomaten und Oliven in kleine Stücke schneiden und unter den Teig kneten, zugedeckt um das Doppelte aufgehen lassen
- Teig halbieren und zu Rollen formen, auf ein mit Backtrennpapier belegtes Blech geben und nochmals zugedeckt gehen lassen
- Rollen leicht spiralförmig drehen und einige Male mit dem Messer einschneiden
- Im vorgeheizten Ofen bei 220 Grad 10 Minuten backen, Backofentür öffnen und den Dampf entweichen lassen, Temperatur auf 200 Grad reduzieren und 20 bis 30 Minuten backen

Nelly Hurni, Ostermanigen

Züpfe und Brot

Gemüsebrot

- Gemüse an der Bircherraffel reiben oder in feine Streifen schneiden, Zwiebel und Knoblauch fein hacken und alles zusammen mit den Speckwürfeln im heissen Öl andünsten
- Mit Salz, Pfeffer und den Kräutern abschmecken, Tomatenpüree untermischen und auskühlen lassen
- Brotteig etwa 5 mm dick rechteckig auswallen und das Gemüse gleichmässig darauf verteilen, dabei einen Rand von etwa 1 cm belassen
- Teig von der Längsseite her satt aufrollen, mit der Naht nach unten auf ein mit Backtrennpapier belegtes Blech setzen und mit einer Gabel mehrmals einstechen, mit etwas Mehl bestäuben und zugedeckt 20 Minuten aufgehen lassen
- Im vorgeheizten Ofen bei 200 Grad etwa 45 Minuten backen

Christine Gerber, Oberruntigen

Zutaten

400 g Saisongemüse (Rüebli, Sellerieknolle, Lauch usw.)
1 Zwiebel
1 Knoblauchzehe
150 g Speckwürfel
2 El Öl
Salz
Pfeffer
frische oder getrocknete Gartenkräuter
2 El Tomatenpüree
oder etwas geriebener Käse nach Belieben
600 g Ruchbrotteig

Mehl

Fitbrötchen in Gelb

Zutaten

200 g Weissmehl
200 g Ruchmehl
50 g Weizen- oder Dinkelschrot
2 Kl Salz
1 Briefchen Safran
20 g Hefe
3 dl Wasser

60 g Dörraprikosen oder Sultaninen

- Mehl, Schrot, Salz und Safran vermischen, Hefe im lauwarmen Wasser auflösen, zum Mehl geben und zu einem geschmeidigen Teig kneten, zugedeckt um das Doppelte aufgehen lassen
- Aprikosen in kleine Würfel schneiden, gegebenenfalls erst in etwas warmem Wasser einweichen, und zum Teig mischen
- Zu 12 Brötchen formen und auf ein mit Backtrennpapier belegtes Blech setzen, nochmals etwa 10 Minuten aufgehen lassen
- Im vorgeheizten Ofen bei 200 Grad 15 bis 20 Minuten backen

Hanni Niederhauser, Wyssachen

Früchtebrot

- Äpfel schälen, Kerngehäuse entfernen und grob raffeln, Feigen und Dörrfrüchte klein schneiden und Nüsse grob hacken
- Mit den Weinbeeren und dem Zucker vermischen, mit dem Schnaps übergiessen und etwas ziehen lassen
- Mehl, Salz, Zimt, Nelkenpulver, Lebkuchengewürz, Kakaopulver, etwas Ingwerpulver und Backpulver vermengen, Früchtemischung dazugeben und alles gut vermengen
- Teig zu 8 Broten formen und auf ein mit Backtrennpapier belegtes Blech setzen
- Im vorgeheizten Ofen bei 160 Grad 1 bis 1½ Stunden backen

Elisabeth Reitnauer, Wyssachen

Zutaten
1½ kg Äpfel
500 g Feigen
200 g gemischte Dörrfrüchte (Aprikosen, Pflaumen, Birnen usw.)
300 g Baumnüsse, Haselnüsse oder Mandeln
500 g Weinbeeren
200 g Zucker
1 dl Schnaps (Bäzi)

800 g Mehl
1 Kl Salz
4 Kl Zimt
2 Kl Nelkenpulver
2 Kl Lebkuchen- oder Birnbrotgewürz
2 Kl Kakaopulver
Ingwerpulver
1–2 Kl Backpulver

Rosinenbrötli

**Zutaten
für 20 Brötchen**

1 kg Semmelmehl
20 g Salz
20 g Malzpulver
50 g Hefe
80 g Zucker
6 dl Milch
1 Zitrone, Saft
1 Ei
150 g Sultaninen
oder Rosinen
100 g Butter

Quittengelee
Puderzucker
Hagelzucker
oder Mandelblättchen

- Mehl, Salz und Malzpulver vermischen, Hefe und Zucker in der lauwarmen Milch auflösen und zum Mehl geben, Zitronensaft, Ei, Sultaninen und weiche Butter beifügen und zu einem glatten Teig kneten, zugedeckt um das Doppelte aufgehen lassen
- Teig zu Brötchen formen und auf ein mit Backtrennpapier belegtes Blech setzen, nochmals 30 bis 50 Minuten aufgehen lassen
- Im vorgeheizten Ofen bei 200 Grad 15 bis 20 Minuten backen
- Brötchen erst mit heissem Quittengelee und dann mit einer Glasur aus Puderzucker und wenig Wasser bestreichen, nach Belieben mit Hagelzucker oder gerösteten Mandelblättchen bestreuen

Variante

Mit der halben Menge Teig lässt sich auch ein Königskuchen zubereiten. Aus dem Teig eine grössere Kugel (etwa 300 g) und acht kleinere Kugeln (je 90 g) formen, die grosse Kugel in die Mitte setzen und die übrigen rundherum anordnen, 30 bis 50 Minuten aufgehen lassen.

Nelly Hurni, Ostermanigen

Habkerli

- Rahm, Butter, Zucker, Vanillezucker und Salz verrühren, Kakaopulver und Haferflocken beifügen, Mehl und Backpulver dazusieben und zu einem Teig verarbeiten
- Teig zu 3 bis 4 cm dicken Rollen formen und mindestens 24 Stunden kühlstellen
- In 3 bis 4 mm dünne Scheiben schneiden und auf ein mit Backtrennpapier belegtes Blech setzen
- Im vorgeheizten Ofen bei 180 Grad etwa 5 Minuten backen

Marie Blatter-Lauber, Habkern

Zutaten

1 dl Rahm
50 g Butter
250 g Zucker
1 P Vanillezucker
1 Pr Salz
2 El Kakaopulver
300 g Haferflocken
300 g Mehl
1 P Backpulver

Lysserli

- Ei und Zucker zu einer hellen Masse rühren, Rahm, weiche Butter und Salz beifügen, Mehl und Backpulver dazusieben und zu einem festen Teig verarbeiten, gegebenenfalls noch etwas Mehl dazugeben
- Teig etwa 5 mm dick auswallen, Plätzchen ausstechen und auf ein mit Backtrennpapier belegtes Blech setzen
- Im vorgeheizten Ofen bei 180 Grad backen, bis sie leicht braun sind
- Schmecken zu einer Tasse Kaffee oder zu einem Glas Wein

Meine Mutter (Jahrgang 1907) lebte zwischen 1925 und 1930 in Lyss und lernte im Restaurant Kreuz das Kochen. Auch diese Güetzi bereitete sie dort oft zu, waren die Zutaten dafür doch auch während des Krieges verfügbar. Von dieser Zeit erzählte sie uns immer wieder.

Theres Gfeller-Käser, Hasle bei Burgdorf

Zutaten

1 Ei
100–125 g Zucker
1 dl Rahm
45 g Butter
1 Pr Salz
250 g Mehl
1 Kl Backpulver

Zimtringli

Zutaten
300 g Butter
300 g Zucker
1 Ei
4 Eigelb
100 g gemahlene Haselnüsse
500 g Mehl
1 P Backpulver
1½ Kl Zimt

- Butter und Zucker schaumig rühren, Ei und Eigelb dazurühren, Haselnüsse beifügen, Mehl, Backpulver und Zimt dazusieben und zu einem Teig verarbeiten, einige Stunden ruhen lassen
- Teig 5 mm dick auswallen, mit zwei im Durchmesser unterschiedlich grossen Gläsern Ringe ausstechen und auf ein mit Backtrennpapier belegtes Blech setzen
- Im vorgeheizten Ofen bei 200 Grad etwa 9 Minuten backen

Edith Wampfler, Wimmis

Butterfly

Zutaten
250 g Butter
375 g Rohzucker
3 Eier
1 Kl Zimt
250 g gehackte Mandeln, Baumnüsse oder Haselnüsse
500 g Mehl
1 Kl Natron oder Backpulver

- Weiche Butter, Zucker, Eier und Zimt schaumig rühren, gehackte Mandeln beifügen, Mehl und Natron dazusieben und zu einem Teig verarbeiten, zu 6 Rollen von 3 cm Durchmesser formen und im Tiefkühler fest werden lassen
- Teigrollen in etwa 5 mm dicke Scheiben schneiden und auf ein mit Backtrennpapier belegtes Blech geben
- Im vorgeheizten Ofen bei 180 Grad einige Minuten goldbraun backen

Der Teig lässt sich problemlos auch länger im Tiefkühler aufbewahren und kann – wenn überraschend Gäste kommen – schnell in Scheiben geschnitten und gebacken werden. Frisch schmecken die Butterflies sowieso am besten!

Erika Schütz, Wyssachen

Kleingebäck

Nussstangen

- Mehl, Zucker und Haselnüsse vermischen, Butter stückweise beifügen und verreiben, Mandelöl dazugeben und rasch zu einem Teig verarbeiten, 30 Minuten kühlstellen
- Teig zu fingerdicken Rollen formen, in etwa 4 cm lange Stücke schneiden und auf ein mit Backtrennpapier belegtes Blech setzen
- Im vorgeheizten Ofen bei 200 Grad 10 bis 12 Minuten backen
- Nussstangen erkalten lassen und am einen Ende in die Schokoladenglasur tauchen

Erika Furrer-Rickli, Leuzigen

Zutaten

100 g Mehl
50 g Zucker
100 g gemahlene Haselnüsse
100 g Butter
2 Tropfen Bittermandelöl

Schokoladenglasur

Änisbrötchen

- Eier und Zucker schaumig rühren, Anis und Natron beifügen und das Semmelmehl langsam von Hand einrühren
- Teig in einen Spritzsack füllen und Ringe von etwa 3 cm Durchmesser auf ein mit Backtrennpapier belegtes Blech dressieren, mit Hagelzucker bestreuen und einige Stunden trocknen lassen
- Im vorgeheizten Ofen bei 180 Grad etwa 10 Minuten hell backen

Nelly Hurni, Ostermanigen

Zutaten

5 Eier
250 g Zucker
5 g Anis
1 Msp Natron
250 g Semmelmehl

Hagelzucker

Schoggibögli

Zutaten
250 g Butter
100 g Puderzucker
1 Pr Salz
300 g Mehl
½ Kl Backpulver
20 g Kakaopulver

Himbeerkonfitüre
Schokoladenglasur

- Butter, Puderzucker und Salz schaumig rühren, Mehl, Backpulver und Kakaopulver dazusieben und mit dem Teigschaber unterziehen
- In einen Spritzsack mit gezackter Tülle füllen und kleine Bogen auf ein mit Backtrennpapier belegtes Blech setzen
- Im vorgeheizten Ofen bei 180 Grad 12 bis 15 Minuten backen
- Die Hälfte der Guetzli auf der Unterseite mit der Konfitüre bestreichen, die anderen Guetzli daraufsetzen und die beiden Enden jeweils in die Schokoladenglasur tauchen

Die Schoggibögli dürfen bei uns an Weihnachten nicht fehlen, sie schmecken aber auch unter dem Jahr sehr fein

Veronika Matter, Rubigen

Schokorhomben

Zutaten
4 Eier
250 g Zucker
200 g Schokoladenpulver
150 g Mehl
1 Kl Backpulver
2 dl Voll- oder Halbrahm

- Eier und Zucker zu einer hellen Masse rühren, Schokoladenpulver, Mehl und Backpulver dazusieben und vermischen
- Rahm steif schlagen und locker unterziehen
- Teig auf einem mit Backtrennpapier belegten Blech ausstreichen
- Bei 180 Grad 20 bis 30 Minuten auf der zweituntersten Rille des vorgeheizten Ofens backen
- Auskühlen lassen, mit Puderzucker bestäuben und in beliebig grosse Rhomben schneiden

Tipp
Wird das Gebäck für einen besonderen Festtag wie Geburtstag oder Weihnachten zubereitet, Guetziformen verwenden und Herzen, Sterne oder dergleichen ausstechen

Katharina Graber-Vifian, Leimiswil

Kleingebäck

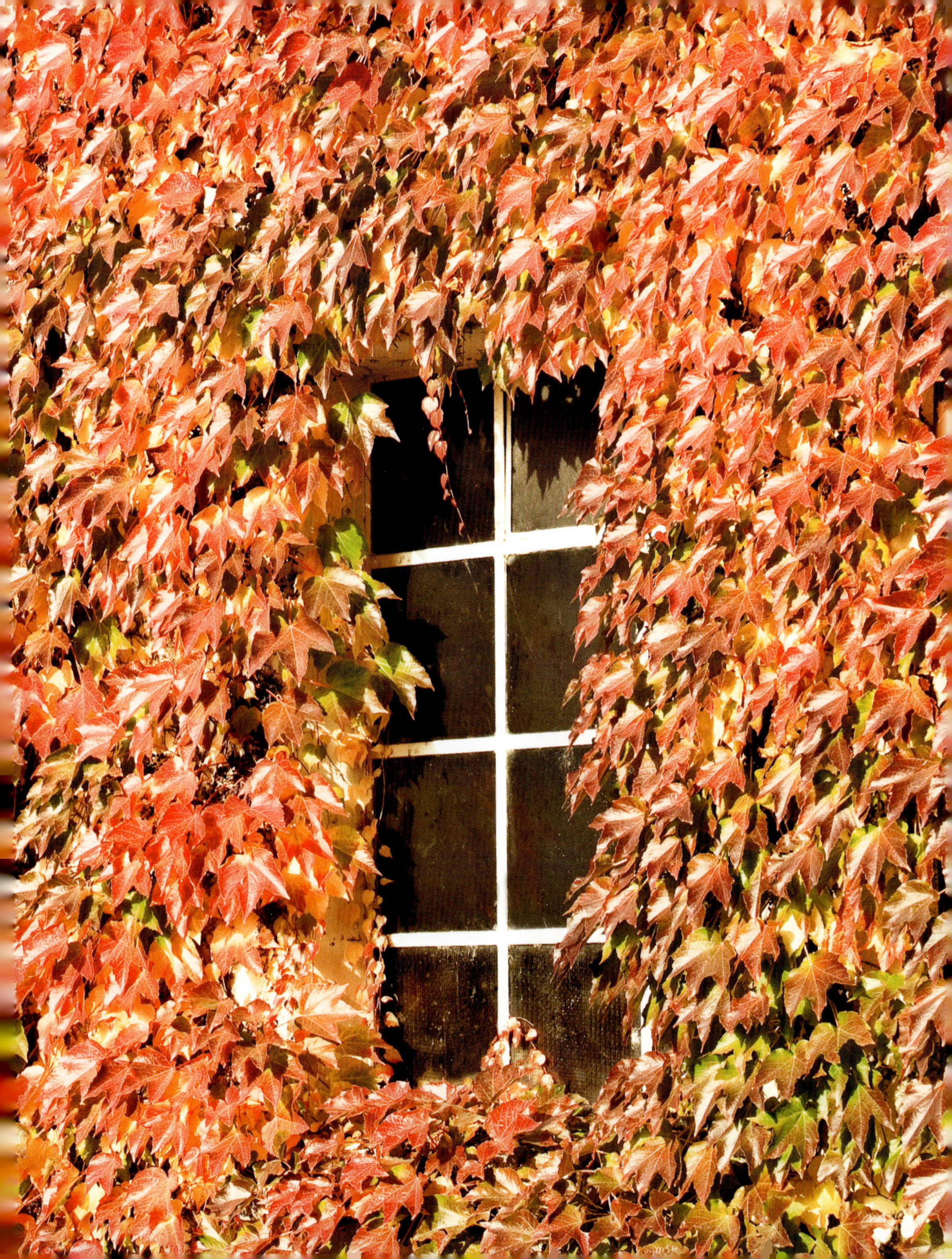

Elsbeths Vorstandsmuffins

Zutaten

2 dl Buttermilch
1 dl Rapsöl
4 Eier
200 g Zucker
400 g Mehl
1 P Backpulver
1 Kl Natron
2 Kl Vanillezucker
200–300 g Beeren

- Buttermilch, Öl, Eier und Zucker verrühren
- Mehl, Backpulver, Natron und Vanillezucker vermischen und beifügen, nur kurz rühren
- Beeren unterziehen und in die Muffinsbleche füllen
- In der Mitte des vorgeheizten Ofens bei 200 Grad 20 Minuten backen

Varianten

- Je nach Saison können die Beeren durch Äpfel oder Birnen ersetzt werden. Oder wenn es sehr eilt – durch 300 bis 400 g in Stücke geschnittene Ananas oder 100 g Schokoladenwürfel und 2 Esslöffel Schokoladenpulver
- Und wer Buttermilch nicht mag, nimmt stattdessen normale Milch

Während meiner Vorstandstätigkeit habe ich mit meinen schnell zuzubereitenden Muffins so manche Sitzung des VBL-Vorstands versüsst

Elsbeth Gyger, Gampelen

Kleingebäck

Kokosschnitten

- Weiche Butter, Eier, Zucker, Vanillezucker und Kakaopulver schaumig rühren, Mehl und Backpulver dazugeben, Wasser und wenig Kirsch beifügen und zu einem Teig vermengen
- Auf ein mit Backtrennpapier belegtes Kuchenblech geben und glattstreichen
- Im vorgeheizten Ofen bei 175 bis 200 Grad 20 Minuten backen
- Für den Guss Schokolade in Stücke brechen und im heissen Wasserbad schmelzen, mit der weichen Butter, den Kokosflocken, dem Puderzucker und Kaffee gut verrühren und den noch warmen Kuchen damit bestreichen
- Kuchen erkalten lassen und in Rechtecke schneiden

Elisabeth Brönnimann-Berger, Riggisberg

Zutaten
225 g Butter
3 Eier
2 T Zucker
1 P Vanillezucker
3 El Kakaopulver
500 g Mehl
1 P Backpulver
1½ T Wasser
wenig Kirsch

Guss
200 g Kochschokolade oder dunkle Schokolade
250 g Butter
150 g Kokosflocken
200 g Puderzucker
4 El starker Kaffee

Rosechüechli

Zutaten
2 T Mehl
2 El Zucker
2 Pr Salz
2 T Milch
4 Eier

Backfett oder Rapsöl
Zimt-Zucker

- Mehl, Zucker, Salz, Milch und Eier zu einem glatten Teig verrühren
- Rosechüechlieisen im heissen Fett erhitzen, zu zwei Drittel in den Teig tauchen und im Fett backen, Rosechüechli vom Eisen lösen, gut abtropfen lassen und mit Zimt-Zucker bestreuen

Kennengelernt habe ich dieses Gebäck bei meiner Schwiegermutter im Emmental. Wenn sie uns zum Mittagessen eingeladen hat, gab es hin und wieder eine feine Kartoffelsuppe und danach diese köstlichen Rosechüechli. Das war immer eine grosse Freude für uns und die Kinder. Heute backe ich die Rosechüechli selbst.

Elsbeth Kohler, Weier

Waffeln

Zutaten
80–100 g Butter
4 Eier
250 g Mehl
1 Pr Salz
3 dl Rahm

Zimt-Zucker

- Butter schaumig rühren, abwechslungsweise Eier, Mehl und Salz beifügen, Rahm leicht erwärmen, dazugeben und alles zu einem glatten Teig verrühren, etwa 15 Minuten ruhen lassen
- Teig portionsweise auf das heisse, leicht gebutterte Waffeleisen geben und goldbraun backen, mit etwas Zimt-Zucker bestreuen
- Dazu schmecken gekochte Schürbirrli, Zwetschgen, Apfelmus oder eine Schokoladensauce

Das Rezept für diese wunderbaren Waffeln habe ich von meiner Grossmutter bekommen, es ist bestimmt schon über hundert Jahre alt. Meine Grossmutter bäckt die Waffeln immer noch mit dem traditionellen, gusseisernen Waffeleisen.

Margret Aebi-Steiner, Kaltacker

Nidlebrätzeli

- Mehl, Salz, Zucker und Rahm zu einem Teig verrühren
- Teig portionsweise auf ein heisses, leicht gebuttertes Bretzeleisen geben und goldgelb backen
- Noch warm mit Hilfe eines Kochlöffels zu Rollen formen

Die Nidlebrätzeli sind ziemlich zerbrechlich, aber sehr fein!

Annemarie Fählimann, Utzigen

Zutaten
300 g Mehl
1 Pr Salz
300 g Zucker
5 dl Rahm

Butter

Brätzeli

- Weiche Butter schaumig rühren, Zucker, Salz und Eier dazurühren, abgeriebene Zitronenschale und Kirsch beifügen, Mehl dazusieben und zu einem glatten Teig verarbeiten, etwa 30 Minuten kühlstellen
- Teig zu nussgrossen Kugeln formen und im leicht gebutterten Bretzeleisen goldbraun backen

Tipp
Damit der Teig nicht an den Händen klebt, diesen in einen Spritzsack füllen, nussgrosse Kugeln auf ein mit Backtrennpapier belegtes Blech spritzen und kühlstellen

Das Rezept für diese köstlichen Brätzeli stammt aus einer Sammlung meiner Tante Emmi aus dem Jahr 1930

Anna Fankhauser, Utzigen

Zutaten
125 g Butter
125 g Zucker
1 Pr Salz
2 Eier
½ Zitrone, Schale
1 Kl Kirsch
250–300 g Mehl

Butter

Schenkeli

Zutaten
100 g Butter
200 g Zucker
1 Pr Salz
1 Zitrone, Schale
4 Eier
3 El Kirsch
500 g Mehl

Öl oder Fett

- Butter schaumig rühren, Zucker, Salz, abgeriebene Zitronenschale, Eier und Kirsch beifügen und alles 12 bis 15 Minuten rühren
- Mehl dazusieben und gut vermengen, etwa 1 Stunde zugedeckt im Kühlschrank ruhen lassen
- Teig zu fingerdicken Rollen formen, in etwa 10 cm lange Stücke schneiden und im heissen Öl bei etwa 180 Grad ausbacken, bis sie schön goldbraun sind, auf einem Gitter gut abtropfen lassen

Carmelina Lehmann, Oberwil

Schlüferli

Zutaten
250 g Butter
250 g Zucker
6 Eier
½ T Rahm
1 Pr Salz
1 Zitrone, Schale
1 El Kirsch
500 g Mehl

Öl oder Fett

- Butter, Zucker und Eier schaumig rühren, Rahm, Salz, abgeriebene Zitronenschale, Kirsch und schliesslich das Mehl beifügen und alles zu einem festen Teig verarbeiten, zugedeckt ruhen lassen
- Teig etwa 5 mm dick auswallen und mit dem Teigrad in Rechtecke 3 x 10 cm schneiden, in der Mitte einschneiden und ein Ende durch diese Öffnung ziehen
- Im heissen Öl bei etwa 190 Grad goldgelb ausbacken, zum Abtropfen auf ein Gitter legen

Carmelina Lehmann, Oberwil

Dampfnudeln

- Mehl und Salz vermischen, Hefe in der lauwarmen Milch auflösen und zum Mehl geben, flüssige Butter, Zucker und Ei beifügen und alles zu einem glatten Teig kneten, zugedeckt etwa 1 Stunde um das Doppelte aufgehen lassen
- Für den Guss Zucker karamellisieren, mit dem Wasser ablöschen und einkochen lassen, heisse Milch und flüssige Butter beifügen und köcheln lassen, bis sich der Zucker vollständig aufgelöst hat
- Die Hälfte des Gusses in eine Gratinform geben, aus dem Teig 16 Kugeln formen und nebeneinander in die Gratinform setzen, weitere 15 Minuten aufgehen lassen
- In der unteren Hälfte des vorgeheizten Ofens bei 180 Grad 20 Minuten backen
- Mit dem restlichen Guss übergiessen und 15 Minuten fertig backen

Tipp

Die Dampfnudeln lassen sich auch in der Bratpfanne zubereiten: Teigkugeln in den Guss geben und 20 bis 30 Minuten zugedeckt köcheln lassen, Deckel entfernen und den Guss karamellisieren. Sollte der Guss zu stark einkochen, etwas Milch beifügen. Wichtig: Während der ersten 15 Minuten Kochzeit sollte der Deckel keinesfalls abgehoben werden.

Meine Mutter hat zu den Dampfnudeln Apfelmus oder Früchtekompott serviert, dazu gab es ein Milchkafi. Mein Mann indessen wünscht sich immer Vanille- und Schokoladencrème dazu, was auch sehr lecker ist. So oder so schmecken die Dampfnudeln als köstliches Zwischendurch zum Zvieri oder mit einer Suppe vorneweg auch als süsses Znacht.

Beatrice Hirsbrunner, Wyssachen

Zutaten

Teig
400 g Mehl
½ Kl Salz
20 g Hefe
2 dl Milch
30 g Butter
30 g Zucker
1 Ei

Guss
100 g Zucker
2 El Wasser
3 dl Milch
50 g Butter

Baiser-Rhabarberkuchen
Für ein Kuchenblech von 35 x 40 cm

Zutaten
500 g Kuchenteig

1½ kg Rhabarber
4 Eier
250 g Zucker
200 g gemahlene Mandeln

8 Eiweiss

- Kuchenteig auswallen und auf ein mit Backtrennpapier belegtes Blech geben, den Rand etwas hochziehen und den Teigboden mit einer Gabel mehrmals einstechen
- Rhabarber in Würfel schneiden, Eier mit zwei Drittel des Zuckers schaumig rühren, Mandeln dazumischen und Eiweiss mit dem restlichen Zucker steif schlagen
- Alles sorgfältig vermischen und auf dem Teigboden verteilen
- Auf der untersten Rille des vorgeheizten Ofens bei 220 Grad 30 Minuten backen

Im Frühling ein herrliches Abendessen!

Rösli Neiger-Meier, Hasliberg

Rhabarberkuchen
Für eine Springform von 26 cm Durchmesser

Zutaten
200 g Butter
180 g Zucker
2 P Vanillezucker
1 Pr Salz
4 Eier
200 g Mehl
1 El Backpulver
100 g gemahlene Mandeln
4 El Orangensaft
5 Stück Zwieback
600 g Rhabarber

Puderzucker

- Weiche Butter, Zucker, Vanillezucker, Salz und Eier schaumig rühren, Mehl, Backpulver, Mandeln und Orangensaft beifügen
- Zwieback zerbröseln, Rhabarber in Stücke schneiden und ebenfalls dazumischen, Teig in eine mit Backtrennpapier ausgelegte Springform füllen
- Im vorgeheizten Ofen bei 180 Grad 1 Stunde backen
- Rhabarbertorte erkalten lassen, auf eine Platte geben und mit Puderzucker bestäuben

Variante
Kann auch mit Äpfeln, Birnen oder Aprikosen zubereitet werden

Christine Lanz, Walterswil

Hedys Erdbeer-Jogurttorte

Für eine Springform von 24 cm Durchmesser

- Für den Biskuitteig Butter, Zucker und Ei schaumig rühren, abgeriebene Zitronenschale und Milch beifügen, mit Salz und Backpulver vermischtes Mehl dazugeben und alles zu einem luftigen Teig verrühren, in eine gebutterte und mit Paniermehl bestreute Springform füllen und glattstreichen
- In der Mitte des vorgeheizten Ofens bei 180 Grad 15 bis 20 Minuten backen
- Biskuit aus der Form nehmen und auf einem Kuchengitter erkalten lassen
- Für die Füllung Gelatine etwa 15 Minuten in kaltem Wasser einweichen
- Die Hälfte der Erdbeeren in kleine Stücke schneiden, die andere Hälfte mit 1 Esslöffel Zucker und dem Zitronensaft pürieren
- Jogurt mit dem übrigen Zucker und der abgeriebenen Schale der halben Zitrone verrühren, Erdbeeren und Erdbeerpüree unterziehen
- Gelatine gut ausdrücken, in 2 bis 4 Esslöffel heissem Wasser anrühren und mit dem Schwingbesen unter die Jogurtmasse mischen
- Rahm steif schlagen, sorgfältig unter die Jogurtmasse ziehen und in die mit Frischhaltefolie ausgekleidete Springform füllen
- Biskuit darauflegen, leicht andrücken und zugedeckt mindestens 4 Stunden im Kühlschrank fest werden lassen
- Vor dem Servieren Tortenrand vorsichtig mit dem Messer lösen, Torte auf eine Platte stürzen und Springformrand und Folie entfernen
- Torte nach Belieben mit Erdbeeren, Pfefferminz- oder Zitronenmelisseblättern garnieren

Hedy Lüscher, Utzigen

Zutaten

Biskuitteig
60 g Butter
50 g Zucker
1 Ei
½ Zitrone, Schale
½ dl Milch
120 g Weissmehl
1 Pr Salz
1 Kl Backpulver
Paniermehl

Füllung
9 Blatt Gelatine
500 g Erdbeeren
100 g Zucker
1 Zitrone, Saft und Schale
500 g Jogurt nature
2 dl Vollrahm

Erdbeer-, Pfefferminz- oder Zitronenmelisseblätter

Aprikosentorte

Für eine Springform von 26 cm Durchmesser

Zutaten
100 g Butter
100 g Zucker
½ P Vanillezucker
3 Eier
150 g Mehl
50 g Kartoffelmehl
½ P Backpulver

500–600 g Aprikosen
150 g Zucker
75 g gemahlene Mandeln
oder Haselnüsse

- Weiche Butter, Zucker, Vanillezucker und Eigelb verrühren, Mehl, Kartoffelmehl und Backpulver dazusieben und alles zu einem Teig verarbeiten
- Teig in eine mit Backtrennpapier ausgelegte Springform füllen, Rand etwas hochziehen, kurze Zeit kühlstellen
- Aprikosen halbieren, entsteinen und auf dem Teigboden verteilen
- Eiweiss steif schlagen, Zucker und Mandeln vorsichtig unterziehen und auf die Aprikosen streichen
- In der Mitte des vorgeheizten Ofens bei 180 Grad 35 bis 45 Minuten backen

Variante
Die Torte schmeckt auch herrlich mit Rhabarber oder roten Johannisbeeren

Susanne Winterberger, Moosseedorf

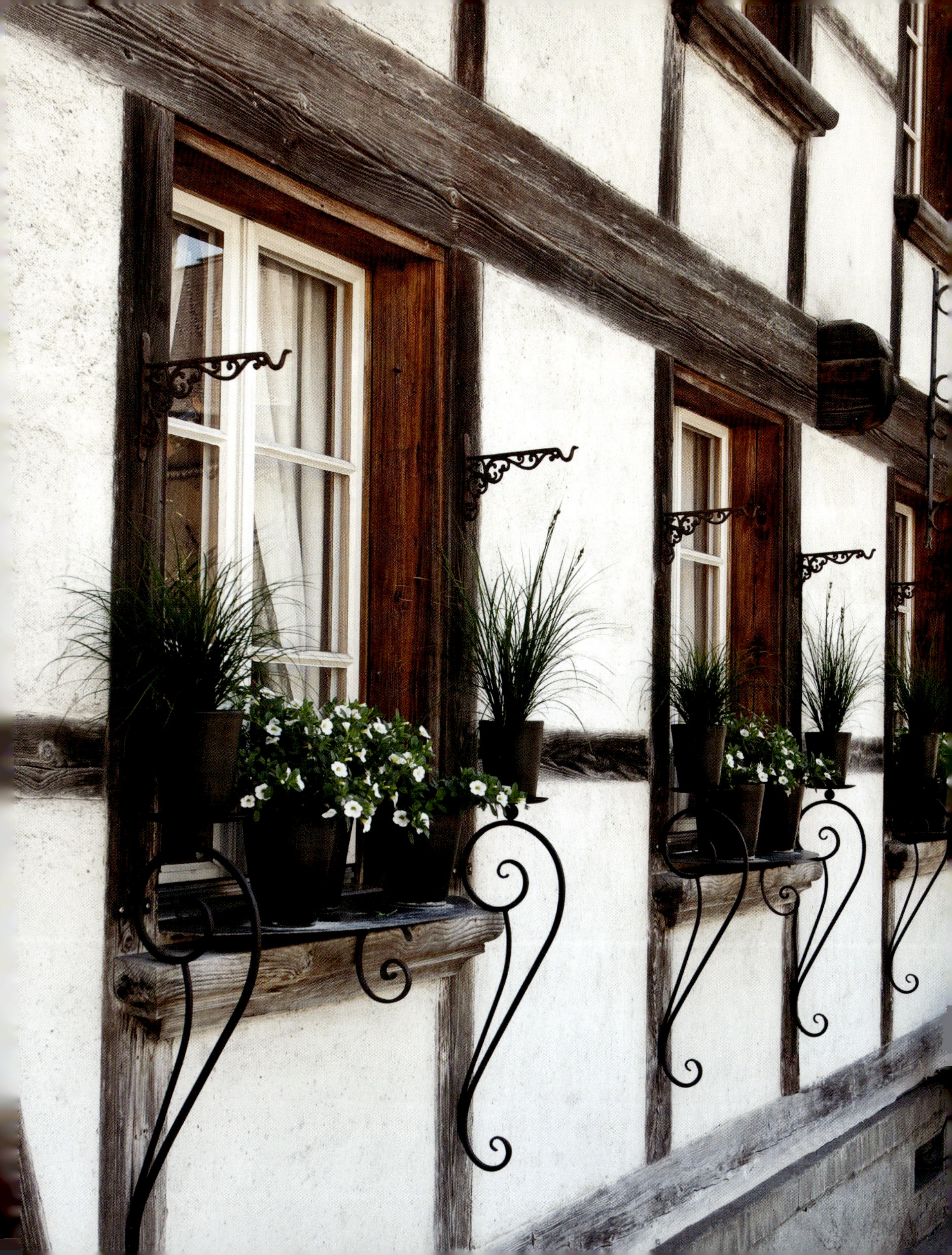

Birnencake

Für eine Cakeform von 28 cm Länge

Zutaten

300 g vollreife Birnen
1 Zitrone, Saft
2 El Zucker
100 g dunkle Schokolade
250 g Butter
250 g Zucker
1 P Vanillezucker
1 Pr Salz
4 Eier
400 g Mehl
100 g Stärkemehl
1 Kl Backpulver

- Birnen schälen, Kerngehäuse entfernen und in kleine Würfel schneiden, mit dem Zitronensaft und Zucker vermischen
- Schokolade in kleine Würfel hacken
- Butter schaumig rühren, Zucker, Vanillezucker und Salz beifügen, ein Ei nach dem anderen dazugeben und alles zur einer hellen Masse rühren
- Mehl, Stärkemehl und Backpulver dazusieben und rasch zu einem Teig verarbeiten
- Sorgfältig die Schokoladenwürfel und die Birnen mit dem Saft unterziehen, Teig in die mit Backtrennpapier ausgelegte Cakeform füllen
- In der unteren Hälfte des vorgeheizten Ofens bei 180 Grad 1 bis 1¼ Stunde backen
- Etwa 10 Minuten in der Form auskühlen lassen und auf eine Platte stürzen

Ich mag Williamsbirnen sehr, allerdings sind sie nur kurze Zeit erhältlich. Ich schneide sie deshalb oft in Würfel und friere sie ein, so kann ich sie für diesen Birnencake verwenden. Manchmal bereite ich aus dem Teig auch Muffins zu. So oder so gehört dieser Cake bei uns zur Kartoffelernte und ist seiner Feuchtigkeit wegen bei allen sehr beliebt.

Monika Nyffenegger, Huttwil

Apfeltorte Eva
Für eine Springform von 24 bis 26 cm Durchmesser

- Butter mit dem Zucker schaumig rühren, Mehl und Backpulver dazusieben, Mandeln beifügen und rasch zu einem Teig verarbeiten, in eine gefettete und mit Backtrennpapier ausgelegte Form füllen
- Im vorgeheizten Ofen bei 175 Grad 15 bis 20 Minuten backen
- Tortenboden erkalten lassen und auf eine Tortenplatte legen, Springformrand mit Klarsichtfolie auskleiden und um den Tortenboden legen
- Für den Belag Eier, Zucker, Wein, Orangensaft, Zitronensaft und Vanillecrèmepulver unter ständigem Rühren aufkochen
- Äpfel schälen, Kerngehäuse entfernen und an der Röstiraffel reiben, zur Eimasse mischen und nochmals kurz aufkochen, kurz ziehen lassen, erkalten lassen und auf dem Tortenboden verstreichen
- Rahm mit dem Vanillezucker und gegebenenfalls Rahmhalter steif schlagen, gleichmässig auf der Apfel-Eimasse verteilen und nach Belieben Eierlikör darübergiessen und mit Apfelschnitzen garnieren, im Kühlschrank fest werden lassen

Landfrauen Kreis Helmstedt

Zutaten
100 g Butter
100 g Zucker
100 g Mehl
½ P Backpulver
100 g gehackte Mandeln

Belag
2 Eier
1 T Zucker
½ T Weisswein
½ T Orangensaft
1 Zitrone, Saft
3 El Vanillecrèmepulver
5 Äpfel

4 dl Rahm
1 P Vanillezucker
1 P Rahmhalter
nach Belieben

Eierlikör

Apfel-Weintorte
Für eine Springform von 26 cm Durchmesser

Zutaten
250 g Mehl
½ P Backpulver
125 g Butter
100–125 g Zucker
½ P Vanillezucker
1 Ei

5 dl Weisswein
2 P Vanillepuddingpulver
4–5 Äpfel
5–7½ dl Rahm
Schokoladenspäne

- Mehl und Backpulver vermischen, Butter in Stücken beifügen und verreiben, Zucker, Vanillezucker und verklopftes Ei dazugeben und rasch zu einem geschmeidigen Teig verarbeiten
- Zugedeckt an einem kühlen Ort mindestens 1 Stunde oder über Nacht ruhen lassen
- Teig auswallen, in eine gebutterte Springform füllen und den Rand hochziehen
- Wein mit dem Vanillepuddingpulver aufkochen
- Äpfel schälen, Kerngehäuse entfernen und an der Röstiraffel reiben, unter den Pudding mischen und alles auf dem Teigboden verteilen
- Im vorgeheizten Ofen bei 200 Grad etwa 40 Minuten backen, bis der Teigrand schön goldbraun ist
- Rahm steif schlagen und auf der erkalteten Torte verteilen, mit Schokoladenspänen garnieren

Antonia Schrag, Rüfenacht

Apfeltorte mit Eiercognac

Für eine Springform von 24 cm Springform

- Teig auswallen, in eine mit Backtrennpapier ausgelegte Form füllen, Rand etwa 5 cm hochziehen und den Boden mit einer Gabel mehrmals einstechen
- Äpfel schälen, Kerngehäuse entfernen, in dünne Schnitze schneiden und auf dem Teigboden verteilen
- Süssmost, Stärkemehl, Zitronensaft und abgeriebene Schale kurz aufkochen und über die Apfelschnitze giessen
- Im vorgeheizten Ofen bei 180 bis 200 Grad etwa 40 Minuten backen
- Apfeltorte leicht erkalten lassen, auf eine Kuchenplatte geben und mindestens 3 Stunden in den Kühlschrank stellen
- Rahm mit dem Vanillezucker steif schlagen, auf der kalten Torte verteilen und glattstreichen, Eiercognac daraufgiessen und mit einem Spachtel bis zum Rand ziehen
- Ein köstliches Herbstdessert!

Nelly Hurni, Ostermanigen

Zutaten

800 g Mürbe-
oder Linzertortenteig
6–7 Äpfel (Boskoop)
5 dl Süssmost
50 g Stärkemehl
oder Vanillecrèmepulver
1 Zitrone, Saft und Schale

2½ dl Rahm
1 P Vanillezucker
3 El Eiercognac oder Zimt

Gestürzte Apfeltorte
Für ein Wähenblech von 30 cm Durchmesser

Zutaten
150 g Zucker
1½ dl Wasser
3–4 Äpfel

Teig
150 g Butter
3 Eier
150 g Zucker
1 Kl Backpulver
150 g Mehl
2–3 El Milch

- Zucker karamellisieren, mit dem Wasser ablöschen und unter Rühren zu einem Sirup einkochen
- Noch heiss gleichmässig auf einem mit Backtrennpapier ausgelegten Wähenblech verstreichen
- Äpfel schälen, Kerngehäuse entfernen und in Schnitze teilen, auf dem Karamellsirup verteilen
- Für den Teig Butter, Eier und Zucker verrühren, das mit Backpulver vermischte Mehl unterziehen, Milch beifügen und alles zu einem glatten Teig rühren, auf den Apfelschnitzen verteilen
- Im vorgeheizten Ofen bei 180 Grad 30 Minuten backen
- Apfeltorte noch heiss aus der Form stürzen und das Backtrennpapier sofort entfernen (sonst klebt alles fest)
- Nach Belieben mit etwas geschlagenem Rahm servieren

Christine Bühler, Tavannes

Kuchen und Torten

Vier Jahreszeitencake

Für eine Cakeform von 28 cm Länge

- Weiche Butter, Zucker, Vanillezucker und Eier schaumig rühren, Mehl und Backpulver dazusieben und zu einem Teig verarbeiten
- Beeren sorgfältig untermischen und den Teig in eine mit Backtrennpapier ausgelegte Cakeform füllen
- Auf der untersten Rille des vorgeheizten Ofens bei 180 Grad 1 Stunde backen

Varianten

- Eine besondere Note bekommt der Cake, wenn dem Teig ein zu den Früchten oder Beeren passender Likör oder Kirsch beigefügt wird, 2 Esslöffel genügen
- Und wenn es eilt, lässt sich aus dem Teig auch ein Blechkuchen zubereiten, dann verkürzt sich die Backzeit auf 30 Minuten

Margrit Wegmüller-Lüthi, Langnau im Emmental

Zutaten

100 g Butter
200 g Zucker
1 P Vanillezucker
3 Eier
250 g Mehl
½ P Backpulver
500 g Beeren oder Früchte nach Belieben und Saison (z.B. Johannisbeeren, Himbeeren, Rhabarber, Äpfel, Birnen, Aprikosen)

Trümmertorte

Für zwei Springformen von 24 und 26 cm Durchmesser

Zutaten

Teig
130 g Butter
130 g Zucker
4 Eigelb
1 P Vanillezucker
½ dl Milch
180 g Mehl
2 Kl Backpulver

Meringuemasse
4 Eiweiss
1 Pr Salz
200 g Zucker

Füllung
2½ dl Rahm
1 P Rahmhalter
1–2 El Puderzucker
200 g Beeren oder Früchte nach Saison und Belieben

- Für den Teig Butter mit dem Zucker schaumig rühren, nach und nach Eigelb beifügen und zu einer hellen Masse rühren, Vanillezucker, Milch, Mehl und Backpulver dazugeben und gut vermengen, in die gefetteten und mit Backtrennpapier ausgekleideten Springformen füllen
- Für die Meringuemasse Eiweiss mit dem Salz steif schlagen, Zucker langsam einlaufen lassen und weiterrühren, bis die Masse glänzt, gleichmässig auf den beiden Teigböden verteilen
- Im vorgeheizten Ofen bei 180 Grad 25 Minuten backen
- Für die Füllung Rahm steif schlagen, Rahmhalter dazurühren und mit Puderzucker abschmecken
- Den grösseren Tortenboden auf eine Platte setzen, mit dem Springformrand umschliessen, Beeren und dann den Rahm auf dem Tortenboden verteilen, den kleineren Tortenboden in eine beliebige Anzahl Tortenstücke schneiden, auf den Rahm legen und leicht andrücken
- Vor dem Servieren Springformrand entfernen

Dies ist eine meiner Lieblingstorten. Die Zutaten dafür habe ich immer vorrätig, die Torte ist schnell gemacht und sieht auch schön aus.

Christine Bühler, Tavannes

Kuchen und Torten

Rysers Zvieri-Schoggichueche

Für eine Springform von 24 cm Durchmesser

- Schokolade in Stücke brechen und mit der Butter im heissen Wasserbad schmelzen
- Zucker und Salz untermischen und die Masse leicht erkalten lassen
- Eier nacheinander mit dem Kochlöffel unterrühren, damit sie sich gut mit der Masse verbinden
- Mehl und Kirsch dazugeben und zu einem glatten Teig verarbeiten, in eine gebutterte und mit Backtrennpapier ausgelegte Springform füllen
- Im vorgeheizten Ofen bei 200 Grad (Umluft 180 Grad) 40 bis 45 Minuten backen
- Kuchen auskühlen lassen und im Kühlschrank aufbewahren
- Himbeeren pürieren, durch ein Sieb streichen, mit dem Puderzucker und Zitronensaft verrühren und die Sauce zum kalten Kuchen servieren

Tipp

Am besten schmeckt der Schoggichueche, wenn er einen Tag im Kühlschrank durchgezogen ist. Anstelle der Himbeeren können für die Sauce auch andere Beeren verwendet werden. Gut eignen sich jedoch eher die säuerlichen Sorten als Kontrast zum süssen Kuchen.

Jeannine Ryser, Sumiswald

Zutaten

200 g dunkle Schokolade
50 g Schokolade mit 85% Kakaoanteil
200 g Butter
250 g Zucker
1 Pr Salz
5 Eier
2 El Mehl
1 El Kirsch

300 g Himbeeren
2 El Puderzucker
1 El Zitronensaft

Heidelbeer-Schokoladenkuchen

Für eine Springform von 24 cm Durchmesser

Zutaten

100 g Butter
175 g Zucker
4 Eier
150 g dunkle Schokolade
4 El Wasser
1 dl Kaffeerahm
100 g Zwieback
1 Kl Backpulver
1 Pr Salz
2 El Zucker
300 g Heidelbeeren
50 g gemahlene Haselnüsse

Heidelbeeren
Rahm

- Butter schaumig rühren, Zucker und Eigelb dazugeben und zu einer hellen Masse rühren
- Schokolade mit dem Wasser schmelzen, leicht auskühlen lassen und mit dem Kaffeerahm beifügen
- Zwieback mahlen und Backpulver dazumischen
- Eiweiss mit dem Salz steif schlagen, Zucker langsam einlaufen lassen und kurz weiterschlagen
- Heidelbeeren, Zwieback, Haselnüsse und Eischnee sorgfältig unter die Schokoladenmasse ziehen
- Teig in eine mit Backtrennpapier ausgelegte und gebutterte Springform füllen
- In der unteren Hälfte des vorgeheizten Ofens bei 180 Grad etwa 50 Minuten backen
- Schokoladenkuchen leicht auskühlen lassen, aus der Form nehmen und auf eine Tortenplatte geben, nach Belieben mit Heidelbeeren und etwas geschlagenem Rahm garnieren

Hedy Zenger, Habkern

Waldbodentorte

Für eine Springform von 24 cm Durchmesser

- Butter schaumig rühren, Eigelb und Zucker beifügen und zu einer hellen Masse rühren
- Schokolade im heissen Wasserbad schmelzen, etwas auskühlen lassen und zur Eimasse geben
- Mandeln und Mehl beifügen, Eiweiss steif schlagen und vorsichtig unterziehen, Teig in eine mit Backtrennpapier ausgelegte und gebutterte Springform füllen
- Im vorgeheizten Ofen bei 180 Grad 40 bis 45 Minuten backen
- Nach Belieben mit einer Kirschglasur überziehen oder mit Puderzucker bestäuben

Die Konsistenz dieser herrlichen Schokoladentorte erinnert an einen weichen, moosigen Waldboden, vielleicht hat sie daher ihren Namen. Erhalten habe ich das Rezept von Hanni Hebeisen aus Rumendingen.

Barbara Lüthi-Kohler, Burgdorf

Zutaten

200 g Butter
6 Eier
200 g Zucker
200 g dunkle Schokolade
150 g gemahlene Mandeln
1½ El Mehl

Kirsch
Puderzucker

Der perfekte Schoggichueche
Für eine Springform von 24 cm Durchmesser

Zutaten
125 g dunkle Schokolade
125 g Butter
3 Eier
50 g Zucker

- Schokolade in Stücke brechen und mit der Butter im heissen Wasserbad schmelzen, auskühlen lassen
- Eier und Zucker schaumig rühren, Schokolade beifügen und verrühren, kalt stellen
- Den Teig in eine mit Backtrennpapier ausgelegte Springform füllen
- Im vorgeheizten Ofen bei 180 Grad Umluft 20 Minuten backen

Ein feiner Schoggikuchen ganz ohne Mehl, den auch Menschen mit einer Glutenunverträglichkeit bedenkenlos geniessen können!

Susanne Lehmann, Büren an der Aare

Kakaokuchen
Für ein Kuchenblech von 32 x 40 cm

Zutaten
750 g Mehl
525 g Zucker
3 Kl Kakaopulver
2 Kl Zimt
1 Kl Nelkenpulver
2 Kl Backpulver

1 Zitrone, Schale
4½ dl Rahm
4½ dl Milch

- Alle trockenen Zutaten vermischen, abgeriebene Zitronenschale, Rahm und Milch beifügen und zu einem Teig verrühren, auf ein mit Backtrennpapier belegtes Blech geben
- In der Mitte des vorgeheizten Ofens bei 180 Grad 40 bis 45 Minuten backen

Während meiner Schulzeit war bei uns Kindern im Winter immer Skifahren angesagt. Hinter unserem Haus wurde der Hang zu einer Piste präpariert, Haselruten gesteckt und eine Schanze gebaut, dann gingen die Skirennen los. Bis zu 20 Kinder und Jugendliche machten dabei mit. Nach solchen Tagen kamen wir 5 Geschwister meist hungrig nach Hause. Da stand schon der Kakaokuchen auf dem Tisch, den unsere Mutter gebacken hatte. Ein sehr einfacher Blechkuchen mit Zutaten, die unsere Mutter immer zuhause hatte. Aber für uns Kinder war es stets ein Festessen.

Annelies Graf, Walkringen

31

Schokocrossie-Torte

Für eine Springform von 26 cm Durchmesser

Zutaten

Teig
4 Eier
4 El Wasser
150 g Zucker
1 P Vanillezucker
100 g Mehl
100 g Stärkemehl
2 Kl Backpulver

Füllung
4 dl Rahm
1 Dose Pfirsiche
400 g Mandelstifte mit Schokoladenüberzug
oder Puffreis mit Schokoladenüberzug
oder 2 P Schokocrossies
4 dl Rahm

- Für den Teig Eier und lauwarmes Wasser schaumig rühren, Zucker und Vanillezucker langsam einlaufen lassen und cremig rühren
- Mehl, Stärkemehl und Backpulver dazusieben und rasch zu einem glatten Teig verarbeiten, in eine mit Backtrennpapier ausgelegte Springform füllen
- Im vorgeheizten Ofen bei 175 bis 190 Grad 25 bis 35 Minuten backen
- Tortenboden aus der Form nehmen, quer durchschneiden und eine Hälfte auf eine Tortenplatte legen
- Für die Füllung Rahm steif schlagen, Pfirsiche abtropfen lassen und in Schnitze schneiden
- Einige Mandelstifte für die Garnitur beiseite legen, übrige klein hacken und mit den Pfirsichen unter den Rahm mischen
- Füllung gleichmässig auf dem Tortenboden verteilen, andere Tortenhälfte daraufsetzen
- Rahm steif schlagen und die Torte damit rundum bestreichen, mit den beiseite gelegten Mandelstiften und nach Belieben mit Pfirsichen garnieren

Landfrauen Kreis Helmstedt

Knusperhexe
Für eine Cakeform von 26 bis 28 cm Länge

- Rahm und Ei gut verrühren, Schokoladenwürfel und Zucker beifügen, Mehl und Backpulver dazusieben und zu einem Teig verarbeiten
- In eine mit Backtrennpapier ausgelegte Cakeform füllen und mit einigen grob gehackten Nüssen bestreuen
- Im vorgeheizten Ofen bei 180 Grad 45 Minuten backen

Dieses Rezept habe ich 1965 von meiner Lehrmeisterin im Haushaltslehrjahr bekommen. Die Knusperhexe lässt sich einfach und schnell zubereiten und eignet sich für die Verwertung von Rahm.

Anni Bürgi, Wyssachen

Zutaten
1 T Rahm
1 Ei
100 g Schokoladenwürfel
1 T Zucker
1½ T Mehl
1 Kl Backpulver
grob gehackte Haselnüsse, Baumnüsse oder Mandeln

Baumnusscake
Für eine Cakeform von 30 cm Länge

- Butter schaumig rühren, Zucker, Salz und ein Ei nach dem anderen beifügen, Kirsch und Milch dazurühren
- Schokolade in Würfel schneiden und mit den Baumnüssen untermischen
- Mehl und Backpulver beifügen und rasch zu einem Teig verarbeiten, in eine mit Backtrennpapier ausgelegte Cakeform füllen
- Im vorgeheizten Ofen (Heissluft) bei 180 Grad etwa 45 Minuten backen

Margrit Scheidegger, Sumiswald

Zutaten
120 g Butter
160 g Zucker
1 Pr Salz
3 Eier
3 cl Kirsch
1½ dl Milch
100 g Milchschokolade
100 g grob gehackte Baumnüsse
250 g Mehl
1 P Backpulver

Lisis Baumnusstorte

Für ein Wähenblech von 26 bis 28 cm Durchmesser

Zutaten

Teig
400 g Mehl
1 Pr Salz
150 g Zucker
250 g Butter
1 Ei

Füllung
300 g Zucker
2½ dl Rahm
300 g gemahlene Haselnüsse
250 g Baumnusskerne

- Für den Teig Mehl, Salz und Zucker vermischen, Butter in Stücken beifügen und verreiben, Ei dazugeben und rasch zu einem Teig verarbeiten, nicht kneten
- Für die Füllung Zucker karamellisieren, Rahm beifügen und unter Rühren kochen, bis sich der Zucker aufgelöst hat, erkalten lassen
- Teig halbieren, auswallen und auf ein mit Backtrennpapier belegtes Blech geben, Rand etwas hochziehen, Haselnüsse und Baumnüsse auf den Teigboden streuen und den Rahm darauf verteilen
- Restlichen Teig auswallen und als Deckel obenauf legen, Rand leicht andrücken und mit einer Gabel mehrmals vorsichtig einstechen
- Im vorgeheizten Ofen bei 250 Grad Unterhitze 5 Minuten backen, auf Unter- und Oberhitze zurückstellen und 5 Minuten weiterbacken, Temperatur reduzieren und bei 200 Grad etwa 20 Minuten fertig backen

Elisabeth Käser-Egger, Leimiswil

Chilbilebkuchen
Für ein Kuchenblech von 35 x 40 cm

- Eier, Zucker, Zitronensaft und abgeriebene Schale schaumig rühren, Rahm und Milch beifügen, Triebsalz in wenig Wasser auflösen und dazugeben, Mehl beimischen und zu einem dickflüssigen Teig verrühren
- Auf ein mit Backtrennpapier belegtes Blech geben und mit einer Gabel längs und quer Rillen ziehen
- Im vorgeheizten Ofen bei 180 Grad 30 Minuten backen

Margrit Scheidegger, Sumiswald

Zutaten
3 Eier
250 g Zucker
1 Zitrone, Saft und Schale
2½ dl Vollrahm
2 dl Milch
10 g Triebsalz
500 g Mehl

Quarkkrümelkuchen
Für eine Springform von 24 cm Durchmesser

- Mehl, Backpulver, Zucker und abgeriebene Zitronenschale vermischen, Ei und weiche Butter beifügen und alles zu einem krümeligen Teig verarbeiten
- Gut zwei Drittel des Teigs auf dem Boden einer mit Backtrennpapier ausgelegten Springform verteilen und den Rand 3 bis 4 cm hochziehen
- Für die Füllung Quark, Zucker, Ei, Zitronensaft und Griess verrühren und auf den Teigboden geben
- Restlichen Teig zerkrümeln und auf der Füllung verteilen
- Im vorgeheizten Ofen bei 180 Grad 45 Minuten backen

Variante
Der Quarkmasse können auch Früchte oder Beeren wie Himbeeren, Nektarinen oder Äpfel beigegeben werden

Käthi Bösiger, Ufhusen

Zutaten
250 g Mehl
1 Msp Backpulver
125 g Zucker
1 Zitrone, Schale
1 Ei
150 g Butter

Füllung
500 g Quark
125–150 g Zucker
1 Ei
1 Zitrone, Saft
1–2 El Griess

Gebackene Quarktorte

Für eine Springform von 24 cm Durchmesser

Zutaten

250 g Mehl
3 El Zucker
1 Pr Salz
125 g Butter
1 El Wasser
1 Ei

80 g Rosinen

900 g Mager- oder Halbfettquark
40 g Weissmehl
3 Eier
180 g Zucker
½ P Vanillezucker
40 g Butter
1 Pr Salz
1 Apfel

Puderzucker

- Mehl, Zucker und Salz vermischen, kalte Butter in Stücken dazugeben und verreiben, mit dem Wasser verrührtes Ei beifügen und rasch zu einem Teig verarbeiten, nicht kneten, etwa 30 Minuten ruhen lassen
- Teig in eine mit Backtrennpapier ausgelegte und gebutterte Springform füllen, Rand 3 bis 4 cm hochziehen, Teigboden mit einer Gabel mehrmals einstechen und die Rosinen darauf verteilen
- Quark mit dem Mehl verrühren, Eigelb, Zucker, Vanillezucker und weiche Butter dazugeben und gut vermengen
- Eiweiss mit dem Salz steif schlagen und sorgfältig unter die Quarkmasse ziehen
- Apfel schälen, Kerngehäuse entfernen und in kleine Würfel schneiden, auf den Rosinen verteilen, Quarkmasse daraufgeben und glattstreichen
- Im unteren Drittel des vorgeheizten Ofens bei 180 Grad etwa 1 Stunde backen
- Vollständig in der Form auskühlen lassen, auf eine Tortenplatte setzen und nach Belieben mit Puderzucker bestäuben

Annette Knipper, Boll

Cognactorte

Für eine Springform von 24 cm Durchmesser

- Für den Teig Eigelb, Zucker und Vanillezucker schaumig rühren, Mehl und Backpulver dazumischen, Eiweiss steif schlagen und vorsichtig unterziehen, Teig in eine mit Backtrennpapier ausgelegte Springform füllen
- Im vorgeheizten Ofen bei 200 Grad 20 Minuten backen
- Für den Guss Butter, Zucker und Wasser aufkochen und köcheln lassen, bis sich der Zucker aufgelöst hat, Cognac dazugeben
- Tortenboden aus der Form lösen, auf eine Tortenplatte legen und mit dem warmen Guss gleichmässig übergiessen

Susanne Lehmann, Büren an der Aare

Zutaten

Teig
3 Eier
80 g Zucker
1 P Vanillezucker
80 g Mehl
½ P Backpulver

Guss
100 g Butter
100 g Zucker
1½ dl Wasser
1 dl Cognac

Schnelle Buttercrèmetorte

- Milch mit dem Stärkemehl verrühren und aufkochen, Zucker und Kaffeepulver beifügen, leicht auskühlen lassen
- Butter in Stücken unterrühren, Crème erkalten lassen
- Tortenboden auf eine Platte legen, gleichmässig mit der Crème bestreichen und mit den Schokoladenstreuseln bestreuen, im Kühlschrank fest werden lassen

Edith Wampfler, Wimmis

Zutaten

3 dl Milch
30 g Stärkemehl
75 g Zucker
2 Kl lösliches Kaffeepulver
150 g Butter

1 Biskuittortenboden
(hell oder dunkel)
100 g Schokoladenstreusel

Parisertorte

Für eine Springform von 24 cm Durchmesser

Zutaten

Teig
250 g Zucker
7 Eier
250 g gemahlene Haselnüsse
½ P Vanillezucker
1 Kl Backpulver
1 El Stärkemehl
1 El Kirsch
1 Zitrone, Schale

Glasur
100 g Puderzucker
1–2 El Wasser
wenig Kirsch
oder Zitronensaft

Crème
80 g Butter
40 g Puderzucker
gemahlene Mandeln

- Für den Teig Zucker, 2 Eier und 5 Eigelb schaumig rühren, Haselnüsse, Vanillezucker, Backpulver, Stärkemehl, Kirsch sowie abgeriebene Zitronenschale beifügen und gut vermengen
- Eiweiss steif schlagen, vorsichtig unterziehen und den Teig in eine mit Backtrennpapier ausgelegte Springform füllen
- Bei 180 Grad etwa 40 Minuten auf der zweituntersten Rille des vorgeheizten Ofens backen, Torte anschliessend bei geöffneter Backofentür weitere 10 Minuten im Ofen lassen
- Torte erkalten lassen und auf eine Platte geben
- Für die Glasur Puderzucker, Wasser und wenig Kirsch verrühren und die Torte obenauf damit überziehen
- Für die Crème weiche Butter und Puderzucker verrühren, den Tortenrand damit bestreichen und mit Mandeln bestreuen

Carmelina Lehmann, Oberwil

Kartoffeltorte
Für eine Springform von 24 cm Durchmesser

- Weiche Butter, Eigelb und Zucker schaumig rühren, Nüsse beifügen, Kartoffeln schälen und an der Bircherraffel dazureiben, Griess und Backpulver dazugeben und gut vermengen
- Eiweiss steif schlagen und sorgfältig unter die Masse heben, in eine mit Backtrennpapier ausgelegte Springform füllen
- In der unteren Hälfte des vorgeheizten Ofens bei 180 Grad 45 bis 50 Minuten backen
- Ausgekühlte Torte mit Johannisbeergelee überziehen und mit Puderzucker bestäuben
- Schmeckt nach 2 bis 3 Tagen im Kühlschrank aufbewahrt am besten!

Rezeptsammlung Inforama, Fachbereich Hauswirtschaft

Zutaten
90 g Butter
5 Eier
250 g Zucker
200 g gemahlene Haselnüsse oder Mandeln
400 g Gschwellti (gekochte Kartoffeln)
3 El Griess
1 El Backpulver

Johannisbeer- oder Aprikosengelee
Puderzucker

Rhabarbercrème

Zutaten
500 g Rhabarber
½ dl Himbeer-, Grenadine- oder Holundersirup oder Süssmost
1 El Vanillezucker
2 Eier
2 El Zucker
etwas Zimt
4 El Zucker
1 dl Rahm

- Rhabarber in Würfel schneiden, mit dem Sirup und Vanillezucker weichkochen und pürieren
- Eigelb mit dem Zucker und Zimt schaumig rühren, zum Rhabarberpüree mischen und unter Rühren bis kurz vors Kochen bringen, erkalten lassen
- Eiweiss steif schlagen, Zucker langsam einlaufen lassen und zu einer glänzenden Masse rühren
- Rahm ebenfalls steif schlagen und mit dem Eischnee vorsichtig unter das Püree ziehen, kühlstellen

Therese Lehmann, Zollbrück

Swiss Coupe

Zutaten
250 g Mascarpone
2 El Milch
2 El Zucker
½ El Vanillezucker
1½ dl Halbrahm

300 g rote Beeren
(Erdbeeren oder Himbeeren)
2 El Zucker

- Mascarpone mit der Milch, dem Zucker und Vanillezucker glattrühren, Rahm steif schlagen und mit dem Schwingbesen unterziehen
- Beeren mit dem Zucker vermischen
- Abwechslungsweise Mascarponecrème und Beeren in Gläser füllen, so dass die Farben der Schweizer Landesflagge zu erkennen sind, mit Crème abschliessen und mit einigen Beeren garnieren

Rita Gfeller, Herbligen

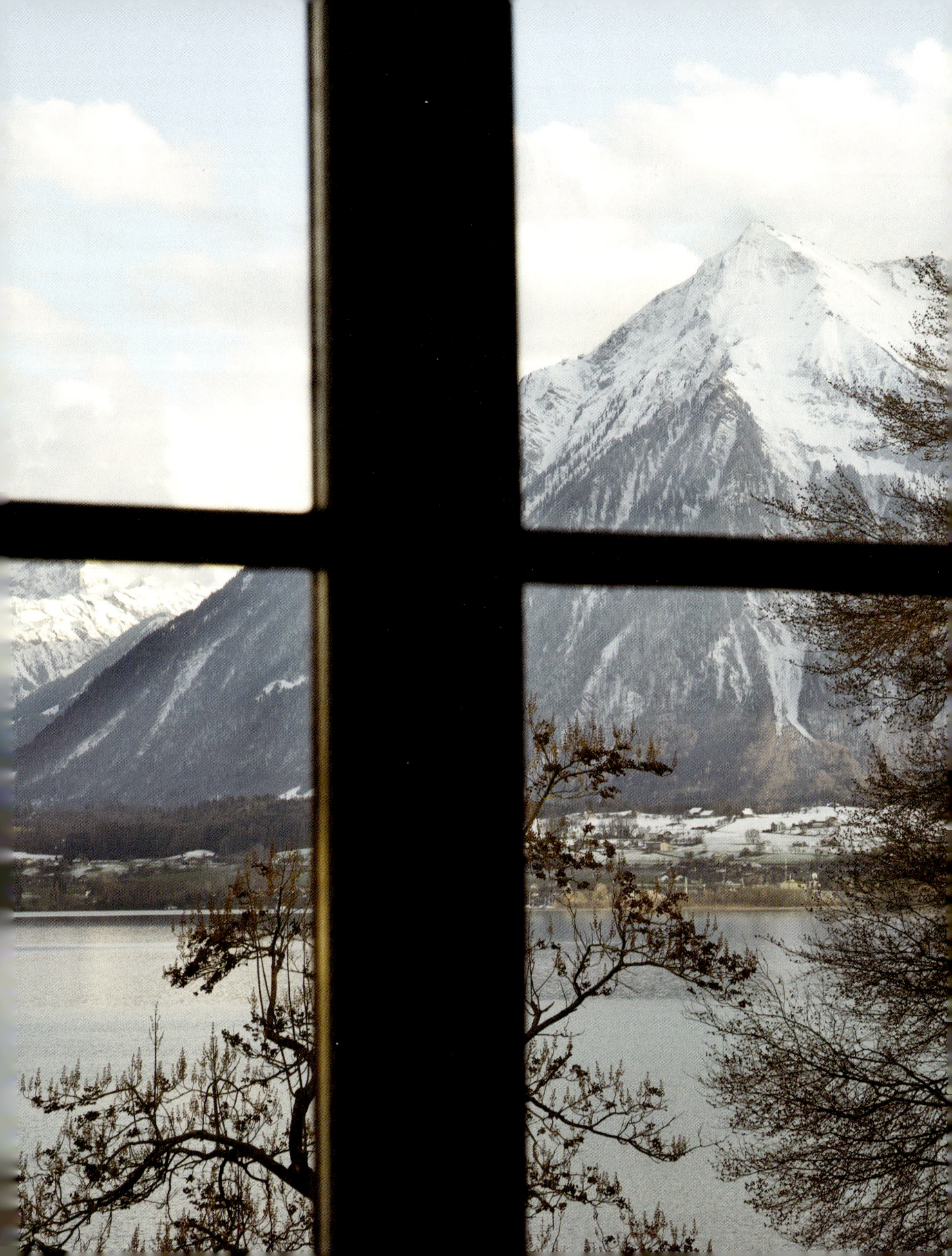

Erdbeer-Tiramisu

Zutaten
Crème
2 frische Eier
3 El Zucker
250 g Mascarpone

Püree
500 g Erdbeeren
Zucker nach Belieben
2 El Vanillezucker
1 El Kirsch oder Grappa

100 g Löffelbiskuits
2–3 El Kakaopulver

- Für die Crème Eigelb und Zucker schaumig rühren, Mascarpone dazumischen, Eiweiss steif schlagen und vorsichtig unterziehen
- Für das Püree 300 g Erdbeeren halbieren, mit dem Zucker und Vanillezucker vermischen und 5 Minuten ziehen lassen
- Mit dem Stabmixer pürieren, Kirsch dazugeben, restliche Erdbeeren in kleine Stücke schneiden und untermischen
- Boden einer Auflaufform mit der Hälfte der Löffelbiskuits belegen, die Hälfte des Erdbeerpürees daraufgeben, die Hälfte der Crème darüber verteilen und glattstreichen, den Vorgang mit den restlichen Zutaten wiederholen
- Tiramisu mindestens 6 Stunden kühlstellen
- Vor dem Servieren mit Kakaopulver bestäuben und nach Belieben mit einigen Erdbeeren garnieren

Tipp
Erdbeerpüree mit wenig Vanillezucker und schwarzem Pfeffer aromatisieren

Madeleine Visser-Wampfler, Wimmis

Himbeertraum

- Meringues zerbröseln und zwei Drittel in eine Schüssel geben, übrige Brösel beiseite stellen
- Blanc battu, Zucker und Rahm verrühren und sorgfältig mit den Meringuebröseln vermischen
- Himbeeren vorsichtig unterziehen und die Masse kühlstellen
- Vor dem Servieren beiseite gestellte Brösel unter den Himbeertraum mischen, in Dessertschalen verteilen und nach Belieben mit einigen Himbeeren garnieren

Dieses einfache, erfrischende und leichte Dessert kann auch mit Erdbeeren oder anderen Früchten zubereitet werden. Am besten schmeckt es jedoch mit Himbeeren!

Isabel Fankhauser-Schindler, Sumiswald

Zutaten
3 Meringueschalen
400 g Blanc battu
oder Magerquark
1–2 El Zucker
1½ dl Rahm
300 g Himbeeren

Johannisbeerschäumchen

- Entstielte Johannisbeeren mit dem Zucker und Vanillezucker bestreuen und 20 bis 30 Minuten ziehen lassen
- Einige Beeren für die Garnitur beiseite legen, übrige Beeren pürieren und durch ein Sieb streichen
- Qimiq glattrühren, Püree und Jogurt beifügen, Rahm steif schlagen und vorsichtig unterziehen
- Mit Kirsch verfeinern und mindestens 2 Stunden kühlstellen
- Vor dem Servieren in Dessertgläsern verteilen und mit den beiseite gelegten Johannisbeeren garnieren

Tipp
Tiefgekühlte Johannisbeeren vorher kurz erhitzen. Statt Johannisbeeren Himbeeren oder Brombeeren verwenden.

Qimiq ist ein Gelatineersatz, der aus Milch hergestellt wird

Christine Gerber, Oberruntigen

Zutaten
250 g Johannisbeeren
75 g Zucker
1 P Vanillezucker

250 g Qimiq
180 g Vanillejogurt
1½ dl Rahm
2 El Kirsch nach Belieben

Beerencrème

Zutaten

300 g frische
oder tiefgekühlte Beeren
500 g Früchtejogurt
400 g Vanilleglace
2–3 Meringueschalen

- Beeren in eine Schüssel geben, Jogurt beifügen und tiefgekühlte Glace in Stücke geschnitten darauf verteilen, etwa 1 Stunde in den Kühlschrank stellen
- Alles gut verrühren, Meringues zerbröseln und unterziehen
- In Dessertgläsern anrichten und sofort servieren

Meine Lieblingskombination sind Himbeeren mit Aprikosenjogurt. Wer es lieber etwas weniger süss mag, ersetzt das Früchtejogurt durch Jogurt nature.

Heidi Stalder, Grünenmatt

Kalte Flockentorte

Zutaten

200 g Cornflakes
300 g Rahmquark
¾–1 dl Milch
80 g Zucker

750 g gezuckerte Beeren
nach Belieben oder Apfelmus

Rahm

- Cornflakes, Quark, Milch und Zucker zu einer schaumigen Crème aufschlagen
- Springformrand auf eine Tortenplatte setzen und lagenweise Crème und gezuckerte Beeren einfüllen, dabei mit einer Schicht Crème beginnen und mit einer solchen abschliessen, 1 bis 1½ Stunden kühlstellen und fest werden lassen
- Vor dem Servieren Rand vorsichtig mit einem Messer lösen, Springformrand entfernen und die Torte nach Belieben mit geschlagenem Rahm und Beeren garnieren

Anni Morand, Aegerten

Kirschenauflauf

- Weiche Butter, Zucker und Eigelb schaumig rühren, Kirsch, Mandeln und Zopf beifügen und vermischen
- Eiweiss steif schlagen und vorsichtig mit den Kirschen unter den Teig ziehen, in eine gebutterte Auflaufform füllen
- Im vorgeheizten Ofen bei 175 Grad etwa 40 Minuten backen
- Heiss oder kalt mit einer Vanillecrème zum Zvieri oder mit einer Suppe zum Abendessen servieren

Tipp
Auch tiefgekühlte Kirschen lassen sich für den Auflauf verwenden, allerdings sollte der Saft abgegossen werden

Käthi Rolli, Arni

Zutaten
80 g Butter
125 g Zucker
6 Eier
2 El Kirsch
70 g gemahlene Mandeln oder Haselnüsse
60 g altbackener, gemahlener Zopf oder Paniermehl
800 g entsteinte Kirschen

Zwetschgenberg

- Zwetschgen halbieren, entsteinen und mit dem Zucker und etwas Wasser weichkochen, in eine Gratinform von 22 cm Durchmesser füllen
- Milch mit dem Puddingpulver und Zucker unter Rühren aufkochen, Eigelb verklopfen und rasch unter den Pudding rühren, noch heiss über die Zwetschgen giessen
- Eiweiss steif schlagen, den Zucker langsam einlaufen lassen und unterrühren, Eischnee gleichmässig auf dem Vanillepudding verstreichen und mit wenig Zimt-Zucker bestreuen
- Im vorgeheizten Ofen bei 200 Grad 10 Minuten überbacken
- Schmeckt warm wie auch kalt sehr lecker!

Landfrauen Kreis Helmstedt

Zutaten
400 g Zwetschgen
2 El Zucker

5 dl Milch
1 P Vanillepuddingpulver
2 El Zucker
2 Eier
100 g Zucker

Zimt-Zucker

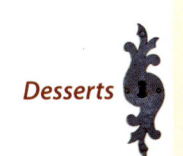

Zwetschgenauflauf

Zutaten

600 g Zwetschgen

80 g Butter
80 g Zucker
2 Eier
150 g Griess
30 g gemahlene Haselnüsse
3 dl Milch
1 Zitrone, Schale

Zimt-Zucker

- Zwetschgen halbieren, entsteinen und in eine gebutterte Gratinform geben
- Butter, Zucker und Eigelb schaumig rühren, Griess, Haselnüsse, Milch und abgeriebene Zitronenschale dazumischen, das Eiweiss steif schlagen und vorsichtig unterziehen, Masse auf den Zwetschgen verteilen
- Im vorgeheizten Ofen bei 180 bis 200 Grad 50 bis 60 Minuten backen
- Mit Zimt-Zucker bestreuen und warm geniessen

Annelies Lüthi, Madiswil

Nidlebirnen

Zutaten

4 Birnen
2½ dl Rahm
3–4 El Zucker
1 P Vanillezucker

- Birnen schälen, in Viertel schneiden und Kerngehäuse entfernen, in eine gebutterte Auflaufform setzen
- Rahm, Zucker und Vanillezucker verrühren und die Birnen damit übergiessen
- In der Mitte des vorgeheizten Ofens bei 200 Grad 30 bis 40 Minuten garen

Rezeptsammlung Inforama, Fachbereich Hauswirtschaft

Burgunderbirnen

- Wein mit der Zimtstange, der Gewürznelke, Orangenscheibe und dem Zucker aufkochen, Birnen schälen, Stiel belassen und im Wein weichkochen, in der Flüssigkeit auskühlen lassen
- Quark mit dem Zucker und Zimt glattrühren, Rahm steif schlagen und unter den Quark heben, in Dessertschalen anrichten und die Birnen daraufstellen
- Flüssigkeit noch etwas einkochen lassen und separat zu den Burgunderbirnen servieren
- Ein besonders feines Dessert im Anschluss an ein Wildgericht

Anna Fankhauser, Utzigen

Zutaten
4 dl Rotwein
1 Zimtstange
1 Gewürznelke
1 Orangenscheibe
4 El Zucker
4 Birnen

2 El Quark
1 El Zucker
Zimt
1½ dl Rahm

Heidis Hoschtet Sturm

- Quark und Jogurt verrühren
- Äpfel halbieren, Kerngehäuse entfernen und mit der Schale an der Bircherraffel zur Quarkmasse reiben
- Rahm steif schlagen und sorgfältig unterziehen, kühlstellen
- Nach Belieben mit Schokoladenwürfeln bestreut servieren

Wenn unerwartet Besuch kommt oder ein schnelles Dessert vonnöten ist, dann kann Heidi die «Hoschtet stürmen»

Heidi Aebi, Heimiswil

Zutaten
für 6 bis 8 Personen
250 g Magerquark
250 g Jogurt nature
6–8 Äpfel
2½ dl Rahm
Schokoladenwürfel nach Belieben

Apfelschaum mit Holundersauce

Zutaten

2 Äpfel (etwa 250 g)
25 g Zucker
20 g Butter
1 El Zitronensaft
½ dl Apfelsaft
4 Blatt weisse Gelatine
2½ dl Rahm

3 dl Holunderbeerensirup
oder 2 dl Holunderbeerensaft,
1 dl Wasser und 40 g Zucker
2 El Vanillepuddingpulver

1 Apfel
10 g Zucker
20 g Butter

- Äpfel schälen, Kerngehäuse entfernen und in Würfel schneiden
- Mit dem Zucker in der heissen Butter andünsten, Zitronensaft und Apfelsaft dazugeben und kurz weiterdünsten, mit dem Stabmixer pürieren
- Gelatine in kaltem Wasser einweichen, gut ausdrücken und im heissen Püree auflösen, erkalten lassen
- Rahm steif schlagen und vorsichtig unter die Crème ziehen, mindestens 3 Stunden in den Kühlschrank stellen
- Holunderbeerensirup aufkochen, Puddingpulver mit 3 Esslöffeln kaltem Wasser anrühren, zum Sirup geben und 2 Minuten kochen, erkalten lassen
- Apfel schälen, Kerngehäuse entfernen und in Schnitze schneiden, mit dem Zucker in der heissen Butter 5 Minuten dünsten
- Holunderbeerensauce auf Dessertteller giessen, mit Hilfe von zwei Esslöffeln Nocken vom Apfelschaum abstechen und auf den Saft setzen, mit den Apfelschnitzen garnieren

Landfrauen Kreis Helmstedt

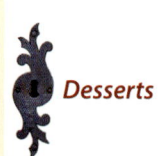

Zitronen-Jogurtcrème

- Ausgepressten Zitronensaft mit dem Puderzucker verrühren, Jogurt und Halbrahm dazugeben
- Gelatine in wenig kaltem Wasser einweichen, gut ausdrücken und im heissen Wasser auflösen, unter die Crème rühren
- Rahm steif schlagen und, sobald die Crème fest zu werden beginnt, vorsichtig unterziehen

Ein erfrischendes Dessert, das sich auch nach einer üppigen Mahlzeit noch geniessen lässt. Die Crème schmeckt am besten, wenn sie am Vortag zubereitet wurde.

Dieses Rezept hat mir meine Mutter gegeben. Bei meinen Gästen komme ich mit dieser Crème immer gut an.

Annemarie Fählimann, Utzigen

Zutaten
2–3 Zitronen, Saft
75 g Puderzucker
180 g Jogurt nature
1,8 dl saurer Halbrahm
2 Blatt Gelatine
2–3 El Wasser
1½ dl Rahm

Früchtegratin

- Zitronensaft und Zucker gut verrühren, Früchte schälen, klein schneiden und unter den Zuckersaft mischen, in ofenfeste Förmchen verteilen
- Eiweiss sehr steif schlagen, Zucker und Vanillezucker einlaufen lassen und weiterschlagen, bis die Masse glänzt
- Nach Belieben in einen Dressiersack mit gezackter Tülle füllen und auf die Früchte spritzen
- Im vorgeheizten Ofen bei 250 Grad 1 bis 2 Minuten trocknen lassen, sofort servieren
- Dazu schmeckt Vanilleglace

Rita Gfeller, Herbligen

Zutaten
1 Zitrone, Saft
1–2 El Zucker
400–600 g Früchte
nach Belieben und Saison

1 Eiweiss
1 El Zucker
1 Kl Vanillezucker

Dörrzwetschgen mit Zimtrahm

Zutaten

5 dl Schwarztee
1 Kl Vanillezucker
200 g entsteinte Dörrzwetschgen
1 El Cognac
1,8 dl saurer Halbrahm
2 Kl Zimt-Zucker

- Tee mit dem Vanillezucker aufkochen, Dörrzwetschgen kurz im lauwarmen Wasser aufquellen, abtropfen lassen und im Tee weichkochen
- Cognac dazugeben und die noch warmen Zwetschgen anrichten
- Mit dem Rahm garnieren und mit Zimt-Zucker bestreuen

Ein Dessert, das gut nach Wildgerichten serviert werden kann

Anna Fankhauser, Utzigen

Gschnätz und Nidle

Zutaten

600 g Dörrbirnen
100 g grob gehackte Baumnüsse
2 El Birnenschnaps
3 El Zucker
6 dl Rahm

- Birnen einige Stunden, am besten über Nacht, in Wasser einweichen
- Kurz aufkochen, absieben und durch den Fleischwolf drehen, erkalten lassen
- Nüsse, Birnenschnaps und Zucker beifügen und alles zu einer glatten Masse verrühren
- Rahm steif schlagen und lagenweise mit dem Gschnätz in eine Schüssel füllen

Gschnätz und Nidle wurde früher im Haslital bei Familienfeiern oder an Festtagen als Dessert serviert

Margreth Brügger-Otth, Meiringen

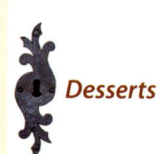

Brombeerparfait

- Eigelb, Zucker und ausgekratztes Vanillemark mit dem heissen Wasser zu einer hellen, festen Masse verrühren
- Rahm steif schlagen und vorsichtig unterziehen
- Eiweiss zu Schnee schlagen, den Zucker langsam einlaufen lassen und kurz weiterschlagen, bis der Eischnee glänzt, sorgfältig unter die Crème heben
- Brombeeren mit dem Stabmixer pürieren, durch ein Sieb streichen und zur Crème geben
- In Portionenförmchen füllen und mindestens 4 Stunden im Tiefkühler fest werden lassen

Rezeptsammlung Inforama, Fachbereich Hauswirtschaft

Zutaten
für 6 bis 8 Personen
2 Eier
3–4 El Zucker
1 Vanilleschote
1 El Wasser
2½ dl Rahm
1 El Zucker

500 g Brombeeren

Grand Marnier-Parfait

- Eier, Zucker, Vanillezucker und Grand Marnier schaumig rühren
- Rahm steif schlagen, Eiweiss zu Schnee schlagen und langsam den Zucker einlaufen lassen, so lange weiterschlagen, bis der Eischnee glänzt
- Alles sorgfältig untereinander mischen und in kleine Formen füllen, mindestens 2 Stunden im Tiefkühler fest werden lassen
- Vor dem Servieren mit Schokoladenpulver bestäuben

Elsbeth Kohler, Weier

Zutaten
2 Eier
5 El Zucker
1 P Vanillezucker
4–5 El Grand Marnier
2½ dl Rahm
2 Eiweiss
1 El Zucker

Schokoladenpulver

Desserts

Kirsch-Rahmglace

Zutaten

2–3 Meringueschalen
6 kandierte Kirschen
3 dl Rahm
60 g Puderzucker
2 El Kirsch

- Meringues zerbröseln und die Kirschen klein schneiden
- Rahm steif schlagen, Puderzucker und Kirsch beifügen und die Meringues und Kirschen vorsichtig unterziehen
- In eine mit Alufolie ausgelegte Cakeform füllen und im Tiefkühler fest werden lassen

Tipp
Die Kirsch-Rahmglace ist einfach zu machen und lässt sich problemlos Wochen vorher zubereiten. Für Kinder den Kirsch weglassen oder durch 3 Esslöffel Amarettosirup oder 6 bis 8 Tropfen Bittermandelaroma ersetzen.

Vor vielen Jahren, als ich Präsidentin des Landfrauenvereins Hindelbank und Umgebung war, führten wir wegen des damals herrschenden Milchüberschusses einen Milchverwertungskurs durch. Vorgestellt wurde in diesem Kurs, welcher übrigens grossen Anklang fand, unter anderem die Kirsch-Rahmglace. Sie ist bis heute das beliebteste Dessert meiner Familie, besonders mein Mann war davon begeistert, und unsere Gäste ebenfalls.

Ruth Niklaus, Hindelbank

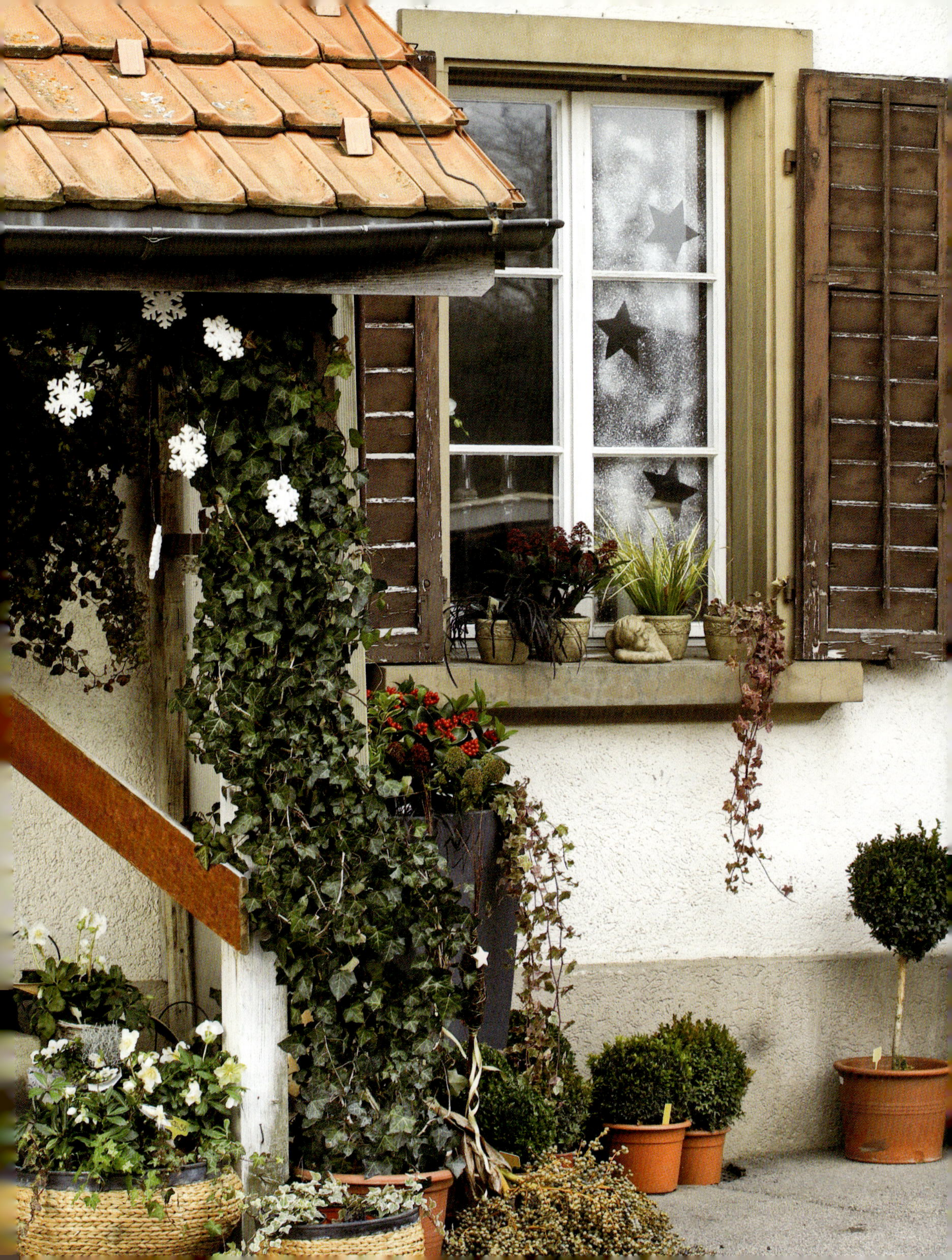

Edas Meringuedessert

Zutaten
5 dl Halb- oder Vollrahm
1 P Vanillezucker
160 g Meringueschalen

- Rahm steif schlagen, Vanillezucker dazurühren, Meringues zerbröseln und vorsichtig unterziehen
- Masse in eine Ring- oder Gugelhopfform füllen und im Tiefkühler fest werden lassen
- Etwa 30 Minuten vor dem Servieren auf eine Platte stürzen und leicht antauen lassen
- Mit heissen, ungesüssten Beeren oder einem Früchtekompott geniessen

Hedy Lüscher, Utzigen

Blitzcoupe

Zutaten
3 dl Rahm
1 Tafel Schokolade
6 Meringueschalen
½ P Vanillezucker
3 El Kirsch

- Rahm steif schlagen, Schokolade in Würfel schneiden, Meringues zerbröseln und alles zusammen mit dem Vanillezucker und Kirsch vermengen
- In Dessertschalen verteilen und etwa 2 Stunden im Tiefkühler fest werden lassen

Ruth Meister, Wyssachen

Siwstidelergonfitüüre

- Zitronen mit der Schale in Viertel schneiden, mit den Löwenzahnblüten ins kochende Wasser geben, 15 Minuten köcheln lassen
- Durch ein feines Sieb oder Tuch giessen, Saft auffangen und mit dem Zucker aufkochen, bis der Saft schön dickflüssig wird
- Noch heiss in Gläser füllen und gut verschliessen

Magdalena von Weissenfluh, Hasliberg-Reuti

Zutaten
3 Zitronen
300 g Siwstidelerbleeten (Löwenzahnblüten)
2 l Wasser
1 kg Zucker

Tannenschösslinggelee

- Tannenschösslinge gut abspülen und abtropfen lassen
- Zitrone in Scheiben schneiden und zu den Tannenschösslingen geben, mit dem kalten Wasser übergiessen, erhitzen und 5 Minuten kochen, 1 Stunde ziehen lassen
- Saft absieben und mit dem Gelierzucker – 100 g pro Deziliter Saft – kochen, bis er dickflüssig ist
- Noch heiss in ausgespülte Gläser füllen und gut verschliessen

Varianten
- Das gleiche Rezept lässt sich auch mit Löwenzahnblüten zubereiten
- Wird anstelle von Gelierzucker Zucker (750 g pro Liter Saft) verwendet, lässt sich ein köstlicher Sirup herstellen

Anna Fankhauser, Utzigen

Zutaten
200 g junge Tannenschösslinge
1 kleine Zitrone
1½ l Wasser
100 g Gelierzucker pro 1 dl Saft

Eingemachtes und Flüssiges

Kürbis-Apfelkonfitüre

Zutaten
700 g Kürbisfleisch
300 g Äpfel
4 dl Süssmost

1 kg Zucker pro Liter Fruchtpüree
1 Orange, Saft

- Kürbisfleisch in kleine Würfel schneiden, Äpfel schälen, Kerngehäuse entfernen und in Schnitze schneiden
- Mit dem Süssmost und gegebenenfalls mit wenig Wasser etwa 45 Minuten weichkochen, leicht auskühlen lassen und mit dem Stabmixer pürieren
- Püree mit dem Zucker und Orangensaft 12 bis 15 Minuten sprudelnd kochen und noch heiss in ausgespülte Gläser füllen, gut verschliessen

Eignet sich hervorragend zur Verwertung von Fallobst

Katharina Graber-Vifian, Leimiswil

Zwetschgendessert auf Vorrat

Zutaten
750 g Zucker
3 dl Wasser
3 kg entsteinte Zwetschgen
3 dl Weisswein
1 Zimtstange

Zimt-Zucker

- Zwei Drittel des Zuckers in einer grossen Pfanne karamellisieren, mit dem Wasser ablöschen und leicht köcheln lassen, bis sich der Zucker aufgelöst hat
- Zwetschgen, Wein, Zimtstange und restlichen Zucker beifügen und bissfest kochen
- Noch heiss in gut verschliessbare Gläser füllen
- Hält sich bis zu einem Jahr und schmeckt hervorragend zu Zimtglace, Zitronenmousse oder ganz einfach mit etwas geschlagenem Rahm und wenig Zimt-Zucker bestreut

Christine Bühler, Tavannes

Eingemachtes und Flüssiges

Süss-saure Birnen

- Birnen halbieren oder vierteln, Kerngehäuse entfernen und satt in vorbereitete Einmachgläser füllen
- Für den Sud Essig, Wein und Zucker mit der Zimtstange, den Gewürznelken und dem Sternanis zu einem dünnflüssigen Sirup einkochen
- Randvoll in Gläser füllen, gut verschliessen und sterilisieren
- Schmeckt ausgezeichnet zu Fondue, Raclette, Schweinefleisch, Wildfleisch oder kalten Platten

Elisabeth Gfeller, Huttwil

Zutaten
1½ kg Birnen

Sud
5 dl Weissweinessig
1 dl Weisswein
500 g Zucker
1 Zimtstange
4 Gewürznelken
1–2 Sternanis

Rhabarberchutney

- Rhabarber und Banane in kleine Würfel schneiden, mit dem Ingwer, Zucker und Essig aufkochen und etwa 20 Minuten einkochen lassen
- In heiss ausgespülte Gläser füllen und gut verschliessen
- Hält sich gut ein Jahr
- Schmeckt vorzüglich zu Raclette oder Fondue Chinoise

Christine Bühler, Tavannes

Zutaten
500 g Rhabarber
1 kleine Banane
2 El gehackter Ingwer
350 g Rohzucker
1½ dl Weissweinessig

Eingemachtes und Flüssiges

Kräuterbutter

Zutaten
250 g Butter
1 El Zitronensaft
2 Knoblauchzehen
1 Kl Salz
4 El gehackte Petersilie
2 El gehackter Rosmarin
2 El gehackter Schnittlauch
½ El gehackter Oregano
1 El gehacktes Basilikum

- Weiche Butter und Zitronensaft verrühren, Knoblauch dazupressen, Salz, Petersilie, Rosmarin, Schnittlauch, Oregano und Basilikum beifügen und alles gut vermengen
- Masse in einen Spritzsack mit gezackter Tülle füllen und Rosetten auf ein mit Backtrennpapier belegtes Blech setzen oder die Masse auf einem Blech ausstreichen, im Kühlschrank fest werden lassen und mit Güetziformen ausstechen oder die Masse mit Hilfe eines aufgeschnittenen Plastikbeutels zu einer Rolle formen und im Tiefkühler fest werden lassen
- Im Tiefkühler aufbewahrt hält sich die Kräuterbutter 4 Monate, im Kühlschrank etwa 2 Wochen, sie schmeckt besonders gut zu einem Rindssteak oder Rindsentrecôte

Christine Gerber, Oberruntigen

Essiggemüse

Zutaten
2 kg Gemüse nach Belieben und Saison
5 dl Weisswein
1 l Apfelessig
3 l Wasser
4 El Zucker
2 Kl Salz

- Gemüse in Stücke schneiden und in Gläser füllen
- Wein, Essig, Wasser, Zucker und Salz verrühren und über das Gemüse giessen, es sollte vollständig mit Flüssigkeit bedeckt sein
- Im Sterilisiertopf 15 Minuten sterilisieren

Für das Essiggemüse können allerlei Sorten verwendet werden – Blumenkohl, Peperoni, Zucchini, Zwiebeln, Knoblauchzehen und so weiter. Wer mag, kann den Sud auch mit Dillsamen, Pfefferkörner, Zwiebelringen oder halbierten Knoblauchzehen anreichern.

Therese Lehmann, Zollbrück

Mokkashake wie richtig

- Kalte Milch, Kaffeepulver und Puderzucker gut mixen
- In Gläser füllen und servieren

Weil die Zeit so knapp war, habe ich Puderzucker anstelle von gewöhnlichem Zucker verwendet, das Päckchen stand zufälligerweise neben dem Kaffeepulver. Alle waren sich einig, dass der Shake wie mit «richtigem» Pulver schmecke.

Christine Bühler, Tavannes

Zutaten
1 l Vollmilch
1 El lösliches Kaffeepulver
2 El Puderzucker

Durstlöscher

- Johannisbeersaft, Mineralwasser und Zitronensirup miteinander mischen
- Kühl servieren

Vor vielen Jahren wollten wir uns ein Theaterstück auf dem Schwand in Münsigen ansehen. Noch vor der Vorstellung bestellten wir uns diesen köstlichen Durstlöscher und waren so begeistert davon, dass wir gleich nach dem Rezept fragten.

Annemarie Fählimann, Utzigen

Zutaten
3 dl Johannisbeersaft
7½ dl Mineralwasser mit Kohlensäure
1 dl Zitronensirup

Sommereistee

Zutaten
15 frische oder getrocknete Lindenblüten oder 3 Beutel Lindenblütentee
2 Beutel Hagebuttentee
4 El Zucker
2 El Zitronensaft
6 dl Wasser

5 dl Apfelsaft
1 l Wasser

- Lindenblüten, Hagebuttentee, Zucker und Zitronensaft in einen Krug geben, mit dem kochenden Wasser aufgiessen und 5 Minuten ziehen lassen, absieben
- Vor dem Servieren Apfelsaft und kaltes Wasser beifügen

Christine Bühler, Tavannes

Jubiläumsbowle

Zutaten
300 g Pfirsiche
250 g Himbeeren
100 g Rohzucker
2 Zitronen, Saft
2 l Traubensaft
2 l Mineralwasser mit Kohlensäure

- Pfirsiche entsteinen und in kleine Würfel schneiden, mit den Himbeeren, dem Zucker und Zitronensaft in eine weite Schüssel geben, mit Traubensaft aufgiessen – die Früchte sollen bedeckt sein – und etwa 2 Stunden kühlstellen
- Übrigen Traubensaft und Mineralwasser beifügen und möglichst kühl servieren

Der Sommereistee und auch die Jubiläumsbowle wurden im August 2010 während des Jubiläums «150 Jahre am Puls der Natur» am Inforama Rütti serviert

Christine Bühler, Tavannes

180 *Eingemachtes und Flüssiges*

Heisse Chlousemoscht

- Wasser mit den Weinbeeren, in Scheiben geschnittenen Zitronen und der Zimtstange aufkochen und etwa 15 Minuten ziehen lassen
- Süssmost und Nelken beifügen, nochmals erhitzen, aber nicht mehr kochen!
- Mit etwas Zucker süssen, absieben und heiss servieren

Ein köstliches Getränk für kalte Tage!

Veronika Matter, Rubigen

Zutaten

2½ dl Wasser
1 Hand voll Weinbeeren
2 Zitronen
1 Zimtstange
1 l Süssmost
2 Nelken
Zucker

Magenwärmer

- Pfefferminzblätter in ein gut verschliessbares Gefäss geben, mit dem Schnaps übergiessen und 1 Woche an einem warmen Ort ziehen lassen
- Wasser mit dem Zucker aufkochen, Schnaps abgiessen und beifügen
- Noch heiss in kleine Flaschen füllen und etwa 2 Wochen kühl lagern – dann lässt sich der Magenwärmer geniessen

Magdalena von Weissenfluh, Hasliberg-Reuti

Zutaten

1 Handvoll Pfefferminzblätter
5 dl Schnaps nach Belieben
(z.B. Obstbranntwein, Bäzi)
5 dl Wasser
300 g Zucker

Winterpunsch

Zutaten für 10 Portionen

2 l Wasser
1 l Apfelsaft
1 l Orangensaft

1 Orange, Saft
1–2 Zimtstangen
1 P Vanillezucker
½ El Honig
2–3 Beutel Früchtetee
1 Apfel nach Belieben

- Wasser, Apfel- und Orangensaft in einen Sterilisiertopf oder einen Kochtopf geben und auf 70 Grad erhitzen
- Ausgepressten Orangensaft, Zimtstangen, Vanillezucker und Honig dazugeben
- Holzkelle quer über den Topf legen und die Früchteteebeutel daran befestigen, so dass sie in der Flüssigkeit schwimmen
- Nach Belieben Apfel schälen, Kerngehäuse entfernen, in Schnitze schneiden und beifügen
- Nach 5 Minuten Temperatur zurückstellen und die Teebeutel herausnehmen

Lässt sich gut einen halben Tag vorher zubereiten

Romy Grossenbacher, Affoltern im Emmental

Himbeerlikör

Zutaten

2–3 kg Himbeeren
1 l Schnaps
2 l Rotwein
1 kg Zucker

- Himbeeren mit dem Schnaps in ein grosses Gefäss geben, gut verschlossen etwa 10 Tage stehen lassen, hin und wieder umrühren oder schütteln
- Wein mit dem Zucker aufkochen und erkalten lassen
- Himbeeren mit dem Schnaps durch ein Sieb giessen, Saft auffangen und mit dem Wein mischen
- In gut verschliessbare Flaschen füllen

Die Mutter einer lieben Freundin reiste 1965 mit 85 Jahren nach Kanada und überreichte uns zum Abschied ein Fläschchen Himbeerlikör mit diesem alten Rezept dazu

Alice Jordi, Wyssachen

Die Fotografin Beatrice Hildbrand

Seit zehn Jahren wohne ich in Laupen bei Bern. Aufgewachsen bin ich im idyllischen Dorf St. German im Wallis. Sehr oft bin ich mit meiner Kamera unterwegs auf der Suche nach dem Bild oder noch viel mehr nach der Geschichte, die dahintersteckt. Es ist eine Leidenschaft, die mich seit meiner Jugend begleitet. Im richtigen Moment am richtigen Ort das richtige Licht finden, einen Augenblick für immer festhalten, diesen nach Jahren wieder wachrufen und das Vergangene im Bild vergegenwärtigen können: Das macht für mich den Zauber der Fotografie aus. Immer bin ich denn auf der Suche nach dem packenden Bild, das vielleicht auch andere berührt; das mir eine Geschichte erzählt, die ich weitererzählen kann.

Die Berner Landfrauen wünschten sich für ihr Kochbuch ein typisch bernisches Titelbild. Spontan ging ich denn auf Berner und Nicht-Berner zu mit der Frage: «Was ist für Sie typisch bernisch?» Das Ergebnis war verwirrend. Für den Oberländer sind dies nämlich der Thunersee und die Berge, für den Emmentaler dagegen ein Bauernhaus mit Geranien. Der Seeländer jedoch tippt auf die Petersinsel und den Bielersee, im Jura ist es eine Kutschenfahrt und für den Oberaargauer ist es der Napf, während im Mittelland gegenwärtig viele Leute finden, typisch bernisch seien der Bärengraben und noch viel mehr der Bärenpark.

Ich wollte jedoch ein Bild, das die Bewohner des ganzen Kantons erreicht und verbindet und auch für bernische Landfrauen eine Bedeutung hat – und wählte schliesslich den Zwiebelzopf. Dieser erinnert an den «Zibelemärit», der alljährlich in der Stadt Bern und auch andernorts im Kanton stattfindet. Liebevoll und in stundenlanger Arbeit werden für diesen Anlass die Zöpfe geflochten und mit Trockenblumen geschmückt. Wochenlang zieren sie dann auch über die Kantonsgrenzen hinaus Türen und Fenster. Den Zopf für die Titelseite hat Ernst Streit, der die Kunst des Flechtens von seiner Mutter gelernt hat, extra für dieses Buch angefertigt.

Auf der Suche nach passenden Motiven blieb ich vor mancher Haustür und manchem Fenster stehen und glaubte das Richtige gefunden zu haben. Aber nicht immer waren das Licht und der Moment ideal für ein Bild und ich musste weitergehen. Aber die Geduld, so hoffe ich, hat sich gelohnt. Die Fotos sind alle auf Bernerboden entstanden und haben mich an manchen mir noch unbekannten und wunderschönen Ort geführt. Und vielleicht erkennen einzelne Leserinnen und Leser die eine oder andere Tür, einen Riegel vielleicht, ein Fenster oder ein Haus.

So oder so, ich wünsche Ihnen viel Freude beim Betrachten und Geniessen der Bilder und natürlich beim Ausprobieren der vielen köstlichen Gerichte der Berner Landfrauen!

Rezeptregister

- 127 Änisbrötchen
- 66 Annas Toufi-Braten
- 11 Apérogebäck, Schnelles
- 49 Äpfel, Pikant gefüllte
- 25 Apfel-Ingwersuppe
- 176 Apfelkonfitüre, Kürbis-
- 45 Äpfeln, Rotkabis mit pikant gefüllten
- 68 Apfelsauce, Schweinefilet an
- 168 Apfelschaum mit Holundersauce
- 24 Apfel-Specksuppe
- 141 Apfeltorte Eva
- 143 Apfeltorte mit Eiercognac
- 144 Apfeltorte, Gestürzte
- 142 Apfel-Weintorte
- 80 Aprikosen, Kalbfleischvögel mit
- 138 Aprikosentorte

- 136 Baiser-Rhabarberkuchen
- 26 Bärgweidli-Wintersuppe
- 69 Bärlauchsauce, Medaillons an
- 115 Bärner Züpfe
- 153 Baumnusscake
- 154 Baumnusstorte, Lisis
- 164 Beerencrème
- 86 Berner Platte, Einfache
- 103 Bierzabaione, Hirschsteaks an
- 177 Birnen, Süss-saure
- 140 Birnencake
- 109 Blätterteig, Zitronenlachs im
- 11 Blätterteigschnecken mit Pesto
- 174 Blitzcoupe
- 54 Blitzkartoffelgratin
- 39 Blumenkohl-Kartoffelauflauf
- 67 Brate, Dernäbe-
- 66 Braten, Annas Toufi-
- 133 Brätzeli

- 119 Brennnesselbrot
- 55 Brokkoli-Kartoffelgratin
- 171 Brombeerparfait
- 27 Brot-Käsesuppe
- 167 Burgunderbirnen
- 157 Buttercrèmetorte, Schnelle
- 126 Butterfly

- 89 Cervelatragout, Exotisches
- 90 Cervelatragout, Gratiniertes
- 88 Cervelatragout, Heidis
- 30 Chäschüechli
- 29 Chässchnitte, Emmetaler Landfroue-
- 40 Chicorée in Rosa
- 155 Chilbilebkuchen
- 181 Chlousemoscht, Heisse
- 72 Chorianderfläisch, Gadmer
- 52 Christines Härdöpfuchüechli
- 50 Chrüterhärdöpfu, Rahm-
- 91 Cognac, Schinken in Rotwein und
- 157 Cognactorte
- 160 Coupe, Swiss
- 20 Currysuppe, Rüebli-

- 135 Dampfnudeln
- 79 Daube bourginionne
- 150 Der perfekte Schoggichueche
- 67 Dernäbe-Brate
- 118 Dinkel-Nussbrot
- 170 Dörrzwetschgen mit Zimtrahm
- 179 Durstlöscher

- 174 Edas Meringuedessert
- 143 Eiercognac, Apfeltorte mit
- 17 Eiersalat mit Speck
- 86 Einfache Berner Platte

130 Elsbeths Vorstandsmuffins	113 Gewickelte Felchenfilets
29 Emmetaler Landfroue-Chässchnitte	68 Glasiertes Festtagsschinkli
23 Erbsencrèmesuppe	32 Gmüesspiessli
137 Erdbeer-Jogurttorte, Hedys	59 Gnocchi mit Nusspanade
162 Erdbeer-Tiramisu	60 Gorgonzola und Gemüse, Nudeln mit
178 Essiggemüse	171 Grand Marnier-Parfait
93 Estragonsauce, Pouletbrüstli an	90 Gratiniertes Cervelatragout
89 Exotisches Cervelatragout	28 Grosis Käseschnitten
	170 Gschnätz und Nidle
113 Felchenfilets, Gewickelte	73 Gschnätzlets uf Toast
36 Fenchelgratin	50 Gschwellti mit Sossa
15 Fenchelsalat	
68 Festtagsschinkli, Glasiertes	125 Habkerli
112 Fischgratin mit Spinat	84 Hackfleischgratin mit Krautstielen
122 Fitbrötchen in Gelb	44 Hackfleischkugeln, Wirsing mit
85 Fleisch-Gemüsestrudel	52 Härdöpfuchüechli, Christines
164 Flockentorte, Kalte	108 Hasenpfeffer à ma façon
123 Früchtebrot	106 Hasenspiessli
169 Früchtegratin	26 Haslitaler Schwingersuppe
105 Fruchtsauce, Geschnetzeltes an Tee-	137 Hedys Erdbeer-Jogurttorte
	148 Heidelbeer-Schokoladenkuchen
72 Gadmer Chorianderfläisch	88 Heidis Cervelatragout
156 Gebackene Quarktorte	167 Heidis Hoschtet Sturm
49 gefüllte Äpfel, Pikant	181 Heisse Chlousemoscht
81 Gefüllte Kalbssteaks	42 Henäs Landjäger-Lauchgemüse
92 Gefüllte Pouletoberschenkel	182 Himbeerlikör
45 gefüllten Äpfeln, Rotkabis mit pikant	163 Himbeertraum
46 Gefüllter Kürbis «Delicata»	103 Hirschbraten
10 Gefülltes Parisette	103 Hirschsteaks an Bierzabaione
60 Gemüse, Nudeln mit Gorgonzola und	168 Holundersauce, Apfelschaum mit
100 Gemüsebett, Lamm auf	167 Hoschtet Sturm, Heidis
94 Gemüsebett, Pouletbrüstli auf	14 Hotdogcake
121 Gemüsebrot	
33 Gemüseknusperli	20 Ingwer, Rüeblisuppe mit
85 Gemüsestrudel, Fleisch-	25 Ingwersuppe, Apfel-
105 Geschnetzeltes an Tee-Fruchtsauce	
82 Geschnetzeltes Kalbfleisch	145 Jahreszeitencake, Vier
82 Geschnetzeltes mit Sojasprossen	169 Jogurtcrème, Zitronen-
144 Gestürzte Apfeltorte	137 Jogurttorte, Hedys Erdbeer-

163	Johannisbeerschäumchen	38	Krautstielgratin
180	Jubiläumsbowle	22	Krautstielsuppe mit Randen
		46	Kürbis «Delicata», Gefüllter
111	Kabeljau an Senfsauce	176	Kürbis-Apfelkonfitüre
150	Kakaokuchen	46	Kürbisgratin mit Knöpfli
81	Kalbfleisch im Römertopf, Pikantes	116	Kürbiskernbrot
82	Kalbfleisch, Geschnetzeltes		
80	Kalbfleischvögel mit Aprikosen	110	Lachs mit Sauerkraut
81	Kalbssteaks, Gefüllte	111	Lachsstroganoff
164	Kalte Flockentorte	100	Lamm auf Gemüsebett
101	Kaninchen nach Feinschmeckerart	29	Landfroue-Chässchnitte, Emmetaler
102	Kaninchenvoressen an Safransauce	42	Landjäger-Lauchgemüse, Henäs
39	Kartoffelauflauf, Blumenkohl-	42	Lauchgemüse, Henäs Landjäger-
55	Kartoffelgratin, Brokkoli-	56	Lauch-Kartoffelgratin
56	Kartoffelgratin, Lauch-	57	Lauchmues, Marcels Kartoffel-
55	Kartoffelgratin, Ruths	62	Lauchrisotto
57	Kartoffel-Lauchmues, Marcels	42	Lauchrollen
58	Kartoffelmuffins	41	Lauchstrudel Seeländerart
51	Kartoffeln mit Schwarzwurzeln	118	Leinsamenbrot
57	Kartoffelomeletten mit Pilzfüllung	154	Lisis Baumnusstorte
95	Kartoffelpfanne, Poulet-	125	Lysserli
51	Kartoffel-Spargelpfanne, Seeländer		
25	Kartoffelsuppe	27	Madiswiler Weinsuppe
159	Kartoffeltorte	181	Magenwärmer
54	Käse, Ofenkartoffeln mit	64	Maispizza
34	Käseauflauf, Zucchetti-	57	Marcels Kartoffel-Lauchmues
28	Käseschnitten, Grosis	17	Margrets Salatsauce
27	Käsesuppe, Brot-	69	Medaillons an Bärlauchsauce
47	Kastanien, Rosenkohl mit glasierten	174	Meringuedessert, Edas
165	Kirschenauflauf	76	Mocke us em Römertopf, Sure
172	Kirsch-Rahmglace	179	Mokkashake wie richtig
46	Knöpfli, Kürbisgratin mit	52	Möslirösti
153	Knusperhexe	78	Moutarde, Rindsragout à la
131	Kokosschnitten		
70	Koteletts Gourmet	170	Nidle, Gschnätz und
69	Koteletts im Stil des alten Hauses	166	Nidlebirnen
178	Kräuterbutter	133	Nidlebrätzeli
16	Kraut-Rüeblisalat, Power-	12	Nidlepizza
84	Krautstielen, Hackfleischgratin mit	60	Nudeln mit Gorgonzola und Gemüse

118	Nussbrot, Dinkel-	105	Rehschnitzel mit Zwetschgen
59	Nusspanade, Gnocchi mit	177	Rhabarberchutney
127	Nussstangen	160	Rhabarbercrème
		136	Rhabarberkuchen
54	Ofenkartoffeln mit Käse	136	Rhabarberkuchen, Baiser-
120	Olivenbrot, Tomaten-	77	Rindsfiletstreifen unter der Haube
13	Olivencake	78	Rindsplätzli Spezzatini
		78	Rindsragout à la Moutarde
63	Palänte vom Hasli	132	Rosechüechli
171	Parfait, Grand Marnier-	47	Rosenkohl Annabelle
158	Parisertorte	47	Rosenkohl mit glasierten Kastanien
10	Parisette, Gefülltes	48	Rosenkohlgratin
10	Partybrot	124	Rosinenbrötli
49	Pastinaken	45	Rotkabis mit pikant gefüllten Äpfeln
61	Penne Roberto	91	Rotwein und Cognac, Schinken in
11	Pesto, Blätterteigschnecken mit	20	Rüebli-Currysuppe
49	Pikant gefüllte Äpfel	16	Rüeblisalat, Power-Kraut-
81	Pikantes Kalbfleisch im Römertopf	20	Rüeblisuppe mit Ingwer
57	Pilzfüllung, Kartoffelomeletten mit	55	Ruths Kartoffelgratin
86	Platte, Einfache Berner	147	Rysers Zvieri-Schoggichueche
92	Poulet im Ofen		
93	Pouletbrüstli an Estragonsauce	102	Safransauce, Kaninchenvoressen an
93	Pouletbrüstli an Zitronenrahmsauce	18	Salatsauce auf Vorrat
94	Pouletbrüstli auf Gemüsebett	18	Salatsauce auf Vorrat, Rassige
96	Pouletfleisch, Süss-saures	17	Salatsauce, Margrets
95	Poulet-Kartoffelpfanne	110	Sauerkraut, Lachs mit
98	Pouletkuchen	99	Sauerrahm, Trutenragout an
92	Pouletoberschenkel, Gefüllte	134	Schenkeli
16	Power-Kraut-Rüeblisalat	91	Schinken in Rotwein und Cognac
		134	Schlüferli
155	Quarkkrümelkuchen	157	Schnelle Buttercrèmetorte
156	Quarktorte, Gebackene	11	Schnelles Apérogebäck
		128	Schoggibögli
30	Racletteramequin	147	Schoggichueche , Rysers Zvieri-
50	Rahm-Chrüterhärdöpfu	150	Schoggichueche, Der perfekte
172	Rahmglace, Kirsch-	152	Schokocrossie-Torte
22	Randen, Krautstielsuppe mit	148	Schokoladenkuchen, Heidelbeer-
18	Rassige Salatsauce auf Vorrat	128	Schokorhomben
104	Rehrücken an Wildrahmsauce	40	Schwarzwurzelgratin

51	Schwarzwurzeln, Kartoffeln mit	35	Tomatentraum
83	Schwedenbraten	152	Torte, Schokocrossie-
68	Schweinefilet an Apfelsauce	146	Trümmertorte
72	Schweineragout mit Speck	99	Trutenragout an Sauerrahm
71	Schweinesteaks im Teig	99	Trutenvoressen
26	Schwingersuppe, Haslitaler		
51	Seeländer Kartoffel-Spargelpfanne	44	Überbackene Randen
64	Semolino		
19	Senfsauce	28	Verpackter Käse
111	Senfsauce, Kabeljau an	145	Vier Jahreszeitencake
79	Siedfleischgratin	116	Vollkornbrot
175	Siwstidelergonfitüüre	130	Vorstandsmuffins, Elsbeths
82	Sojasprossen, Geschnetzeltes mit		
180	Sommereistee	132	Waffeln
32	Sommergemüse, Süss-saures	149	Waldbodentorte
51	Spargelpfanne, Seeländer Kartoffel-	27	Weinsuppe, Madiswiler
62	Spargelrisotto	142	Weintorte, Apfel-
17	Speck, Eiersalat mit	74	Wiehnachtsmocke us em Römertopf
72	Speck, Schweineragout mit	104	Wildrahmsauce, Rehrücken an
24	Specksuppe, Apfel-	182	Winterpunsch
112	Spinat, Fischgratin mit	26	Wintersuppe, Bärgweidli-
37	Spinatquiche	44	Wirsing mit Hackfleischkugeln
22	Spinatsuppe	88	Wurstspiessli
16	Surchabissalat		
76	Sure Mocke us em Römertopf	170	Zimtrahm, Dörrzwetschgen mit
177	Süss-saure Birnen	126	Zimtringli
96	Süss-saures Pouletfleisch	169	Zitronen-Jogurtcrème
32	Süss-saures Sommergemüse	109	Zitronenlachs im Blätterteig
160	Swiss Coupe	93	Zitronenrahmsauce, Pouletbrüstli an
		33	Zucchettichüechli
175	Tannenschösslinggelee	34	Zucchetti-Käseauflauf
105	Tee-Fruchtsauce, Geschnetzeltes an	34	Zucchettiräder
71	Teig, Schweinesteaks im	15	Zucchettisalat
19	Teufelssauce	115	Züpfe, Bärner
113	Thonküchlein	115	Züpfe nach em Arnirezäpt
114	Thonmousse à la Ruth	105	Zwetschgen, Rehschnitzel mit
162	Tiramisu, Erdbeer-	166	Zwetschgenauflauf
73	Toast, Gschnätzlets uf	165	Zwetschgenberg
120	Tomaten-Olivenbrot	176	Zwetschgendessert auf Vorrat

Redaktion Landfrauen kochen

Staatsstrasse 159
CH-3626 Hünibach
T 033 243 00 77
F 033 243 00 86
redaktion@landfrauenkochen.ch
www.landfrauenkochen.ch

Unsere Kochbuchreihe wurde ausgezeichnet mit dem Silbernen Lorbeer der Historia Gastronomica Helvetica

Berner Landfrauen kochen
192 Seiten, praktische Spiralbindung Fr. 27.–
ISBN 978-3-905694-01-7

Appenzeller Frauen kochen
192 Seiten, praktische Spiralbindung Fr. 27.–
ISBN 978-3-905694-02-4

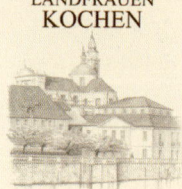

Solothurner Landfrauen kochen
192 Seiten, praktische Spiralbindung Fr. 27.–
ISBN 978-3-905694-03-1

Urner Bäuerinnen kochen
176 Seiten, praktische Spiralbindung Fr. 27.–
ISBN 978-3-905694-04-8

Zürcher Landfrauen kochen
192 Seiten, praktische Spiralbindung Fr. 27.–
ISBN 978-3-905694-05-5

Bündner Landfrauen kochen
192 Seiten, praktische Spiralbindung Fr. 27.–
ISBN 978-3-905694-06-2

Schwyzer Bürinne chochid
192 Seiten, praktische Spiralbindung Fr. 27.–
ISBN 978-3-905694-07-9

Baselbieter Bäuerinnen kochen
176 Seiten, praktische Spiralbindung Fr. 27.–
ISBN 978-3-905694-08-6

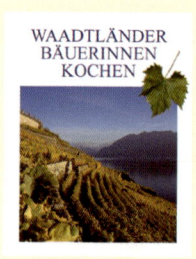

Waadtländer Bäuerinnen kochen
176 Seiten, praktische Spiralbindung Fr. 27.–
ISBN 978-3-905694-19-2

Tessiner Landfrauen kochen
192 Seiten, praktische Spiralbindung Fr. 27.–
ISBN 978-3-905694-10-9

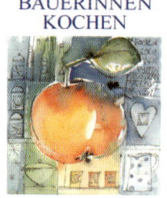

Luzerner Bäuerinnen kochen
192 Seiten, praktische Spiralbindung Fr. 27.–
ISBN 978-3-905694-11-6

Obwaldner und Nidwaldner Bäuerinnen kochen
192 Seiten, praktische Spiralbindung Fr. 27.–
ISBN 978-3-905694-12-3

Freiburger Bäuerinnen und Landfrauen kochen
192 Seiten, praktische Spiralbindung Fr. 27.–
ISBN 978-3-905694-13-0

Zuechehocke u gniesse
Emmentaler Rezepte von Peter Trüssel. 176 Seiten praktische Spiralbindung Fr. 27.–
ISBN 978-3-905694-16-1

Redaktion
Landfrauen
kochen

Staatsstrasse 159
CH-3626 Hünibach
T 033 243 00 77
F 033 243 00 86
redaktion@landfrauenkochen.ch
www.landfrauenkochen.ch

Unsere Kochbuchreihe wurde ausgezeichnet mit dem Silbernen Lorbeer der Historia Gastronomica Helvetica

Zuger Bäuerinnen kochen
192 Seiten, praktische Spiralbindung Fr. 27.–
ISBN 978-3-905694-20-8

Thurgauer Landfrauen kochen
192 Seiten, praktische Spiralbindung Fr. 27.–
ISBN 978-3-905694-21-5

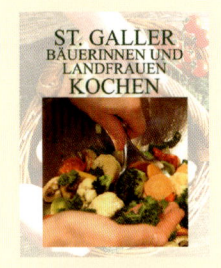

St. Galler Bäuerinnen und Landfrauen kochen
192 Seiten, praktische Spiralbindung Fr. 27.–
ISBN 978-3-905694-29-1

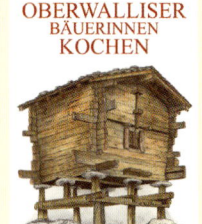

Oberwalliser Bäuerinnen kochen
192 Seiten, praktische Spiralbindung Fr. 27.–
ISBN 978-3-905694-28-4

Schweizer Bäuerinnen und Landfrauen kochen
184 Seiten, praktische Spiralbindung Fr. 27.–
ISBN 978-3-905694-17-8

Schweizer Bäuerinnen und Landfrauen backen
192 Seiten, praktische Spiralbindung Fr. 29.–
ISBN 978-3-905694-22-2

Schweizer Landfrauendesserts
160 Seiten, praktische Spiralbindung Fr. 25.–
ISBN 978-3-905694-18-5

Berner Landfrauenküche
192 Seiten, praktische Spiralbindung Fr. 29.–
ISBN 978-3-905694-34-5

Schaffhauser Landfrauen kochen
192 Seiten, praktische Spiralbindung Fr. 27.–
ISBN 978-3-905694-35-2

SF bi de Lüt – Landfrauenküche
184 Seiten, 120 farbige Abbildungen, Pappband Fr. 34.–
ISBN 978-3-905694-31-4

edition Vorsatz

Staatstrasse 159
CH-3626 Hünibach
T 033 243 00 77
F 033 243 00 86
info@vorsatz.ch
www.editionvorsatz.ch

Mamma Vialone
Risotto d'amore
Eine kulinarische Liebesgeschichte aus dem letzten Jahrhundert mit Bildern von Meister B.
Mit 48 ausgesuchten Risotto-Rezepten. 128 Seiten,
16 farbige Abbildungen, Pappband mit Lesebändchen Fr. 24.50
ISBN 978-3-905694-23-9

Mamma Vialone
Falscher Salm und Klosteräpfel
Die Kochrezepte der Verena Geiser.
128 Seiten, 42 farbige Abbildungen, Pappband mit Lesebändchen Fr. 26.50
ISBN 978-3-905694-32-1

Renate Wagner-Wittula
Kochen … ohne Mama!
Allein zu Hause, allein am Herd. Tipps und Rezepte aus Mutters Kochschublade für junge Selbstversorger. Fotos von Kurt-Michael Westermann. 192 Seiten,
134 farbige Abbildungen, gebunden (Flexobindung),
Fr. 27.50
ISBN 978-3-905694-24-6

Brigitte Locher
Kochen für Gäste
Viergangmenüs für jeden Anlass. Rezepte aus dem reichen Erfahrungsschatz einer perfekten Gastgeberin.
160 Seiten, 24 farbige Abbildungen, gebunden, Fr. 29.50
ISBN 978-3-905694-27-7

Agnes Schneider / Jeannette Segmüller
Kochen mit kleinen Budget
Fantasievolle und günstige Gerichte.
160 Seiten, 55 farbige Abbildungen, gebunden, Fr. 29.50
ISBN 978-3-905694-30-7